間違いやすいジャッジがひと目でわかる！
サッカーとフットサルのルール
● CONTENTS ●

第1章 ● 試合の前に　　　9

競技のフィールド……………………………10
　フィールド図…………………………11
　● フィールド上などの広告、人工芝のライン……11
ゴール・ゴールエリア・ペナルティーエリア……12
　ペナルティーエリア図…………………13
コーナーフラッグポスト・コーナーアーク………14
　● コーナー近くにある「任意のマーク」って何？…15
テクニカルエリア……………………………16
　● テクニカルエリア内では責任ある態度で………17
ボール………………………………………18
　公認球・ボールの規格…………………19
　● マルチボールシステム…………………19
選手の数と交代………………………………20
　日本サッカー協会で使用されている書類………21
　●「再交代」の導入………………………21
選手のポジション……………………………22
　主なポジションの名称…………………23
選手の用具……………………………………24
　身につけるもの…………………………25
　● 用具・装身具の着用と罰則……………25
試合時間・アディショナルタイム…………26
　選手交代の要領…………………………27
　● 飲水タイムが設けられる場合…………27
【うんちくコラム①】……………………28
　なぜサッカー？
　〜なるほどサッ

第2章 ●試合の進行と勝敗　29

試合の開始・再開……30
　キックオフ …… 31
　●キックオフから直接得点したことは？ …… 31

ドロップボール……32
　ドロップボールの位置 …… 33

ボールインプレー・ボールアウトオブプレー……34
　インプレーとアウトオブプレーの区別 …… 35

スローイン……36
　正しいスローイン …… 37

スローインの違反……38
　正しくないスローイン …… 39

ゴールキック・コーナーキック……40
　正しいゴールキック・コーナーキック …… 41

ゴールキック・コーナーキックの違反……42
　正しくないゴールキック・コーナーキック …… 43

得点になるとき・ならないとき……44
　得点となる基準 …… 45

勝敗の決定……46
　アウェーゴールの適用例 …… 47

PK戦の方法……48
　PK戦の事例 …… 49
　● PK戦が始まる前に両チームの選手数が
　　異なっていたら？ …… 49

PK戦時のポジション……50
　PK戦時のポジション図 …… 51

【うんちくコラム②】……52
　おなじみのデザインがさらに進化を遂げる！
　〜サッカーボールの歴史〜

第3章 ● ファウルとFK　　53

直接FKとなる反則① ……………………………54
　ジャンピングアット、チャージ ……………55
直接FKとなる反則② ……………………………56
　ホールディング、ハンドリング ……………57
間接FKとなるGKの反則 ………………………58
　味方選手からのパス・スローイン …………59
間接FKとなる選手の反則 ……………………60
　GKへの妨害・進路妨害 ………………………61
FKの方法 …………………………………………62
　FK時の選手の位置 ……………………………63
FKの違反 …………………………………………64
　FKの違反と罰則一覧 …………………………65
PKの方法 …………………………………………66
　PK時の選手の位置 ……………………………67
PKの違反 …………………………………………68
　PK時の違違反と罰則一覧 ……………………69
警告〜イエローカード …………………………70
　イエローカードの提示 ………………………71
　●イエローカード＆レッドカードはなぜ、いつから？ 71
イエローカード事例
　①反スポーツ的行為／相手選手のシャツをつかむ …72
　　反スポーツ的行為の事例一覧 ………………73
　②反スポーツ的行為／過度な得点の喜び ……74
　③言葉や行動で異議を示す ……………………75
　④プレーの再開を遅らせる ……………………75
退場〜レッドカード ……………………………76
　レッドカードの提示 ……………………………77
GKによる決定的な得点の機会の阻止 ………78
　GKが相手選手をトリップ ……………………79
守備選手による決定的な得点の機会の阻止 …80
　「決定的な得点の機会の阻止」の判断基準 …81
　●得点が阻止できなかった場合 ………………81
グリーンカード …………………………………82

第4章 ●オフサイド　83

オフサイドとは……………………………………84
　オフサイド解説図　…………………………85
　●ゴールラインの外に出てしまったら　……………85
オフサイドの反則と罰則……………………86
　オフサイドになる場合・ならない場合　……………87
オフサイドライン……………………………88
　オフサイドライン解説図　…………………89
オフサイドになる！ならない？
　①相手選手に干渉しなくてもボールに触ればＮＧ　…90
　②オフサイドポジションにいても
　　ボールに触れなければＯＫ……………………91
　③オフサイドポジションにいても
　　ボールを追うだけならＯＫ　……………………92
　④ボールをプレーすることになると主審が判断したらＮＧ…93
　⑤ボールがプレーの可能性が生じる前に
　　ゴールラインを超えたのでゴールキック　………94
　⑥オフサイドポジションでキーパーの視線を遮りＮＧ……95
　⑦ボールに触れず 相手選手にも干渉していないのでＯＫ　…96
　⑧ボールに触れず 相手選手にも干渉していないのでＯＫ　…97
　⑨相手選手のプレーの可能性を妨げたらＮＧ　……98
　⑩ボールが相手選手に当たり
　　ゴールラインを越えればコーナーキック　………99
　⑪偶然来たボールでもオフサイドポジションで 触るとＮＧ…100
　⑫オフサイドポジションにいても利益を得ていないならＯＫ　101
　⑬相手選手から跳ね返ったボールを
　　オフサイドポジションで触るとＮＧ……………102
　⑭次のプレーに移ってオンサイドになればＯＫ　……103
【うんちくコラム③】………………………104
　なぜわかりにくいのか？！
　　～オフサイドの謎と秘密に迫る～

第5章 ●審判の仕事など　　　　105

審判の用具 ･････････････････････････････････････ 106
　審判の用具一覧 ････････････････････････ 107
主審 ･･･ 108
　主審の権限と任務 ････････････････････････ 109
アドバンテージ ･･････････････････････････････････ 110
　アドバンテージのシグナル ････････････････ 111
　アドバンテージの判断時に考慮すべき状況 ･･････ 111
負傷者 ･･･ 112
　主審の負傷者対応手続き ･･････････････････ 113
落雷事故防止 ････････････････････････････････ 114
　落雷発生時の対応のために必要なこと ････････ 115
主審のシグナル ･･････････････････････････････ 116
　直接FK・間接FK・PK・
　スローイン・ゴールキック・コーナーキック ････ 117
副審 ･･･ 118
　副審の任務 ････････････････････････････ 119
副審のシグナル① ･････････････････････････････ 120
　オフサイド・オフサイドの位置（遠・中・近）
　交代・守備側のファウル・攻撃側のファウル ････ 121
副審のシグナル② ･････････････････････････････ 122
　スローイン・ゴールキック・コーナーキック ････ 123
　●シグナルビープシステムって何？ ･･････････ 123
第4の審判員 ････････････････････････････････ 124
　アディショナルタイム表示 ････････････････ 125
　●追加副審〜ゴールジャッジもするレフェリー ･･･ 125
対角線式審判法 ･･････････････････････････････ 126
　対角線式審判法の動き方 ･･････････････････ 127
審判の資格 ････････････････････････････････ 128
　日本のサッカー審判員資格 ････････････････ 129
チーム登録種別とリーグ構成 ････････････････ 130
　日本のサッカーチーム登録 ････････････････ 131
8人制サッカー ･･････････････････････････････ 132
　8人制サッカーのフィールド図 ････････････ 133
　その他の代表的ルール ････････････････････ 133
【うんちくコラム④】 ･･･････････････････････ 134
　サッカー伝来から今日のワールドカップに至るまで
　〜日本サッカーの歩み〜

第6章 ● フットサルのルール　　135

サッカーとの違い ……………………………………… 136
　フットサルとサッカーの主な違い一覧 …………… 137

ピッチとボール ………………………………………… 138
　フットサルのピッチ図 ……………………………… 139

選手の数と用具 ………………………………………… 140
　選手の交代の仕方 …………………………………… 141
　●自由な交代のやり方 ……………………………… 141

選手のポジション ……………………………………… 142
　選手のポジション図 ………………………………… 143

試合時間とプレーの開始・再開 ……………………… 144
　試合時間の流れ ……………………………………… 145
　●ドロップボール …………………………………… 145

キックイン・ゴールクリアランス・コーナーキック …… 146
　キックイン・ゴールクリアランス・
　コーナーキック時の選手の位置 …………………… 147

ボールインプレー・ボールアウトオブプレーと得点・勝敗 … 148
　ボールインプレー・アウトオブプレーの詳説 …… 149

ファウルと不正行為 …………………………………… 150
　フットサルとサッカーのファウル・罰則の違い … 151
　●スライディングタックルは、反則？ …………… 151

FKとPK ………………………………………………… 152
　FK・PK時の選手の位置……………………………… 153

累積ファウル …………………………………………… 154
　6つ目以降の累積ファウルによる
　FKを行う場所 ………………………………………… 155

主審・第2審判 ………………………………………… 156
　主審・第2審判のシグナル① ……………………… 157
　主審・第2審判のシグナル② ……………………… 158

タイムキーパー・第3審判 …………………………… 159

第 1 章

試合の前に

競技のフィールド

Point

1 90～120m × 45～90m と決められている

2 ワールドカップやJリーグでは 105m × 68m

3 ラインの幅は 12cm（5インチ）以内

解説

競技規則では、フィールドの大きさは、タッチライン（長辺）が 90～120m、ゴールライン（短辺）が 45～90m と、規定に幅があります。ただ、タッチラインはゴールラインより長い必要があり、正方形は認められません。国際試合の場合は、100～110m × 64～75m とかなり絞られますが、日本サッカー協会では、全国規模の大会では、105m×68m のフィールドを使用しています。注意すべきは周囲にも余裕が必要なことです。フィールドは、2本のタッチラインの中点を結ぶハーフウェーラインで半分に分けます。ハーフウェーラインの中央にセンターマークをしるし、これを中心に半径 9.15m（10ヤード）の円（センターサークル）を描きます。なお、ラインの幅は 12cm 以内と定められ、フィールドの表面は天然または人工で、人工の場合、その表面の色は緑でなければなりません。

第1章 ● 試合の前に

フィールド図

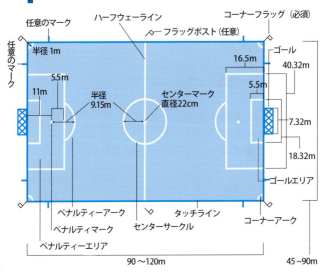

チェック
フィールド上などの広告、人工芝のライン

試合中、フィールドやテクニカルエリア上、またゴール、ゴールネット、コーナーフラッグ（ポスト）には、有形、無形にかかわらず、広告のみならず、協会やクラブのロゴなども付けることはできません。広告は、ゴールライン、タッチラインから1m以上離せば置くことができます。人工芝のフィールドは、多目的に使用されます。他競技のラインはサッカーのラインと異なる色ではっきりと見分けられるものである必要があります。

ゴール・ゴールエリア・ペナルティーエリア

Point

1 ゴールは幅 7.32m ×高さ 2.44m

2 ゴールエリアの奥行は 5.5m

3 ペナルティーエリアの奥行は 16.5m

解説

　ゴールは幅 7.32m× 高さ 2.44m（内測）ですが、奥行に規定はありません。ゴールポストとクロスバーは、白色で同じ幅と厚さで 12cm 以下です。ゴールはグラウンドに確実に固定しなければなりません。ゴールエリアは、ゴールポストの内側から 5.5m 地点に、ゴールラインと直角な 2 本のラインを描いてフィールド内に 5.5m まで延ばし、その先端をゴールラインと並行な線で結んで描きます。長さを 16.5m に変えて同じ作業をするとペナルティーエリアができます。ここには、ゴール両端のゴールポスト中央から 11m の地点にペナルティーマーク（直径 22cm）を描き、マーク中央から半径 9.15m の円弧をペナルティーエリアの外だけに描きます。これがペナルティーアークで、PK 時に、キッカー以外の選手はペナルティーエリアに加え、ここにも立ち入れません。

第1章 ●試合の前に

ペナルティーエリア図

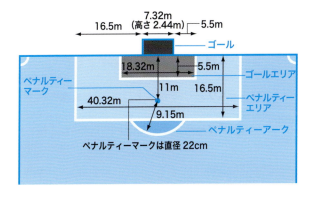

- ゴールポストとクロスバーは白色
- ゴールポストとクロスバーは同じ幅と同じ厚さで12cm以下
- フィールドのラインは、ゴールポストとクロスバーと同じ幅
- ゴールはグラウンドに確実に固定する

コーナーフラッグポスト・コーナーアーク

Point

1 コーナーフラッグポストは必ず立てる

2 コーナーフラッグポストは高さは 1.5m 以上

3 コーナーには半径１mのコーナーアークを描く

解説

　フィールドの各コーナー（４カ所）には、旗をつけた先端のとがっていない高さ1.5m以上のフラッグポストを立てます。これは、ボールがゴールラインを割ったのか、タッチラインを割ったのかを正しく見極めるためです。フラッグの色などは指定されていませんが、Ｊリーグでは旗面に１本の対角線を引き上側が青、下側が白の２色を使ったデザインのものがよく使われています。フラッグポストから、半径１mの四分円（アーク）をフィールド内に描いたものがコーナーアークです。コーナーキックを行うときに、ボールを置くエリアを示しています。なお、ハーフウェーラインの両端にも、目安としてタッチラインから１m以上離してフラッグポストを立ててもよいことになっています。もっとも、今では立てない方が一般的です。

第1章●試合の前に

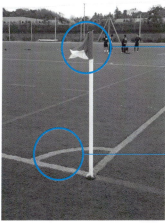

- コーナーフラッグポストは、高さ 1.5m 以上
- ポストの先端はとがっていないもの
- 旗のデザインに決まりはない

- コーナーアークは、半径 1m
- ラインの幅は 12cm 以下

これが「任意のマーク」
（下段コラム参照）

チェック
コーナー近くにある「任意のマーク」って何？

コーナーキックを行うときに、相手選手が離れるべき距離を確実に守らせるために、立つべき位置を示すマークです。ゴールラインとタッチラインの両方に、コーナーアークから 9.15m のところのフィールドの外側に、ゴールラインとタッチラインに対して、直角のマークをつけることがあります。日本サッカー協会では、ラインから外側に 5cm 離して直角に 30cm の長さの白線と決めています。このラインは「任意のマーク」という呼び名となっています。

テクニカルエリア

Point

1. **監督などが指示を出せるエリア**
2. **指示を与えられるのはその都度1人だけ**
3. **入る人と人数は事前に決めておく必要がある**

解説

　試合会場には、チームのベンチを含めてその周囲を特定したテクニカルエリアを設けることができます。このエリア内から監督などが選手に対し戦術的な指示を伝えることができます。以前は指示後は座席に戻ることが義務づけられていましたが、現在はなくなりました。ただし、責任ある態度で行動しなくてはならず、指示を与えられるのはその都度1人だけです。監督やトレーナーなど役員は、主審から承認を得た特別な例外（負傷者の程度の判断など）を除き、常にテクニカルエリア内にいなくてはなりません。このエリアは座席部分から両横に1m、前方にタッチラインから1mの範囲でマーキングすることが推奨されています。エリアに入れるのは、チーム役員、選手、交代要員で、人数は限定されています。また試合開始前に、メンバー用紙に氏名を記入しておく必要があります。

第1章●試合の前に

テクニカルエリアが常設されていない会場では、マーカーコーンを置くか（写真）線を引いて設営します。

チェック
テクニカルエリア内では責任ある態度で

ファウルかどうか、ボールがゴールに入ったかどうかなどがテクニカルエリアからでは、はっきり分からずに、監督が熱くなることも多々あります。しかし、試合中、監督やチーム役員はテクニカルエリアに留まり、責任ある態度で行動しなければなりません。エリアに入る人は、その都度1人が戦術的指示を与える場合を除き、ベンチなどに着席していなければなりません。また映像モニターなど、試合の映像を見ることのできる通信機器（PCを含む）の使用も認められません。

ボール

Point

1 外周は 68 ～ 70cm

2 重さは 410 ～ 450 g

3 空気圧は 0.6 ～ 1.1 気圧

解説

　ボールは球形で、皮革または他の適切な材質で出来ていて、大きさは外周が 68 ～ 70cm のもの。直径に換算すると 22cm 程度です。重さは、試合開始前に 410 ～ 450 g の範囲にあり、空気圧は、常に 0.6 ～ 1.1 気圧の範囲内でなければなりません。試合中にボールが破裂したり欠陥が生じた場合は、試合が停止され、ボールに欠陥が生じた場所で、交換したボールをドロップして（P.33 参照）再開します。なお、主審の承認を得ずに、試合中にボールを交換することはできません。また、試合中、試合球以外のボールがフィールドに入り、プレーの邪魔になった場合、主審はプレーを停止しドロップボールで再開します。ただし、プレーの邪魔にならなければプレーは続けられ、主審はできるだけ早い機会に、それを排除させることになっています。

第1章 ● 試合の前に

公認球・ボールの規格

FIFA（国際サッカー連盟）や各大陸連盟などの公式競技会の試合においては、FIFAクオリティープログラムで認められた次のロゴが付いたもののみが使用されます。

FIFA
クオリティープロ

FIFAクオリティー

国際試合ボール基準

なお、（公財）日本サッカー協会は、国内の公式試合において用いられるボールの公認を示すマークを次のものとしています。

※ FIFAクオリティー・IMSのロゴ、競技会や競技会主催者のエンブレムやメーカーの承認された商標以外、一切の商業広告をつけることは認められていません。

こぼれ話
マルチボールシステム

サッカーでは、原則として試合中は1つのボールを用い、ボールの交換が認められるのは、ボールに欠陥が生じ主審が承認したときに限られます。しかし、ボールが観客席に入ったり競技場の外に出てしまった場合は回収に時間がかかり、試合は中断してしまいます。そこでFIFAでは、1995年の女子ワールドカップなどで複数のボールを用いる、マルチボールシステムを試験的に導入。その後さまざまな大会で導入されています。

選手の数と交代

Point

1 7人未満では試合は不成立

2 公式試合での交代可能人数は3人

3 選手と交代要因などの氏名は試合前に届け出る

解説

　試合は、11人以下の選手（うち1人はGK）からなる2チームによって行われます。ただし、どちらかのチームが7人に満たない場合（6人以下）、試合は開始せず、試合中の場合は続けられません。選手の交代は、FIFA、各大陸連盟、加盟協会主催の公式大会ではすべて3人までです。親善試合などでは最大6人までですが、その他すべての試合においては、関係チームが最大人数について合意し、試合前に主審に通知していれば、より多い人数の交代も可能です。なお、すべての試合において、交代要員の氏名を明記し、主審に試合前に届けておく必要があり、届けられていない交代要員は試合に参加できません。また、交代はプレーの停止のときのみ行うことができ、副審あるいは第4の審判員（P.124参照）が交代の合図をします。

選手の用具

Point

1 身につけるのは5つ。すね当ても必要

2 プロテクターなど　認められている用具もある

3 装身具はプレーに不要なため一切禁止

解説

　選手は、自分自身または他の選手に危険な用具を用いたり、身につけることはできません。着用するのは、袖のあるジャージまたはシャツ（ノースリーブは不可）、ショーツ（パンツ）、ストッキング、すね当て、靴（スパイク）の5つ。すね当ては必ずストッキングで全部覆います。アンダーシャツを着用する場合、袖の色はジャージやシャツの袖の主たる色と、アンダーショーツ（タイツ、スパッツなど）を着用する場合は、ショーツの主たる色と同色にします。膝や肘のプロテクター、ヘッドギア、フェイスマスク、スポーツめがねは安全なものであれば着用できますが、ネックウォーマーは認められません。ネックレス、指輪、ブレスレット、イヤリング、皮革・ゴムのバンドなどの装身具はプレーに不要なため、禁止されています。装身具は、テープでカバーしても着用することができません。

第1章●試合の前に

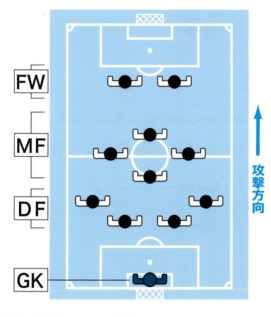

主なポジションの名称

GK（ゴールキーパー）
　自分のペナルティーエリア内でボールを手でも扱うことができ、得点を防ぐ役割。
DF（ディフェンダー）
　最終ラインに位置し、守備の中心となる役割。
MF（ミッドフィルダー）
　DFとFWのつなぎ役。以前はハーフバックと呼ばれていました。
FW（フォワード）
　攻撃の中心となる役割。最前線に位置しトップと呼ばれることもあります。

　※最近のサッカーでは、ボランチという配置もあります。MFの一種で、守備から攻撃への切り換えの起点となったり、攻撃の組み立てをするなど重要な役割を果たします。

選手のポジション

Point

1 GK、DF、MF、FWの4つに大別される

2 競技規則で決められているのは GK だけ

3 GK は他の選手や審判と異なる色の服を

解説

　サッカーのポジションは、自分のペナルティーエリア内でボールを手でも扱うことができ、得点を防ぐGK、守備の中心となるディフェンダー（ＤＦ）、守備と攻撃のつなぎ役のミッドフィルダー（ＭＦ）、攻撃の中心となるフォワード（ＦＷ）の４つに大別されます（以前はMFをハーフバック、ＤＦをフルバックと言っていたこともありました）。GK を除く選手は、フィールドプレーヤーと呼びます。このなかで競技規則に配置が定められているのは実は GK だけです。GK は必ずチームに１人置かなくてはならず、他の選手や審判と異なる色の服を着なくてはなりません。GK 以外は、どこに何名配置しても自由です。ちなみに、フォーメーションを４－４－２や３－５－２などと表記する場合、陣型の後ろから順にＤＦ－ＭＦ－ＦＷそれぞれの人数を示しています。

第1章 ●試合の前に

日本サッカー協会で使用されている書類

メンバー提出用紙。ノーカーボン紙で、本部用、相手チーム用、チーム控えの3枚綴りになっています。

試合を記録する公式記録用紙

監督が記入・署名して第4の審判員に提出する選手交代カード

チェック
「再交代」の導入

主催協会などが認めれば、アマチュアやレクリエーションのサッカーでは、一度競技から退いた選手が再び交代で競技に参加すること（再交代）ができるようになりました。「再交代」は、通常の交代と同様、ボールがアウトオブプレー中に主審の承認を得て行います。なお、8人制サッカー、フットサルなどで導入されている"ボールがインプレー中でもアウトオブプレー中でも主審の承認なく行える交代"を「自由な交代」と呼びます。

第1章 ● 試合の前に

身につけるもの

- シャツ
- ショーツ（パンツ）
- ストッキング（くつ下）
- すね当て
- 靴（スパイク）

ブレスレット、イヤリング、ネックレス、ミサンガ、指輪、ネックウォーマーはNG

チェック
用具・装身具の着用と罰則

負傷防止のテープや、ストッキング止めテープをストッキングの上から着用する場合、その色はストッキングと同じものか透明なものである必要があります。選手は、審判から試合前に用具のチェックを受けます。試合中に用具の不備が見つかった場合、ボールがインプレー中に正せない限りアウトオブプレーになった時にフィールドの外に出て、正しくします。次にボールがアウトオブプレーになった時に審判のチェックを受けてから、プレーに復帰できます。

試合時間・アディショナルタイム

Point

1 前後半とも各 45 分、ハーフタイムは 15 分以内

2 選手の交代・負傷の判断などでアディショナルタイムを追加

3 いまでは一般の試合でも飲水タイムが

解説

　試合時間は、前半 45 分、後半 45 分。休憩や戦術確認のためのハーフタイムは必ず設け、その時間は 15 分以内です。この時間は、大会規定に定められ関係者すべてに周知されている場合、あるいは試合開始前に両チームと主審の合意を得られた場合のみ変更することができます。空費された時間（アディショナルタイム）は、①選手の交代②選手の負傷の程度の判断③治療のために負傷した選手のフィールドからの退出④時間の浪費⑤その他の理由（飲水など）で、主審の裁量により前後半それぞれに追加されます。勝ち上がり方式の試合で、規定の試合時間内で勝敗が付かなかった場合、延長戦や PK 戦を行うことができます。延長戦はハーフ 15 分以内で、前後半エンドを変えて行います。通常、延長戦に入る前に休憩を取りますが、前後半の間には休憩を取りません。

第1章●試合の前に

選手交代の要領

選手の交代時は、第4の審判員が交代ボードで退く選手の番号をかかげ、その選手がフィールドの外に出てから交代要員は、フィールドの中に入ります。

チェック
飲水タイムが設けられる場合

(公財)日本サッカー協会では、1997年に「サッカーの暑さ対策ガイドブック」を作成し、飲水タイムの指針を示しました。暑熱下の試合では、概ね1分間の飲水タイムを前後半のそれぞれの半ばに取ることにしています。時間はアディショナルタイムに加えます。現在では一般の試合でも飲水タイムが設けられるようになり、2014年のFIFAワールドカップブラジル大会でも導入されました。

なぜサッカー? なぜフットボール?
～なるほどサッカー世界の歴史～

　サッカーは、正しくはアソシエーション・フットボール（Association Football）といい、アソシエーションを短縮した"Soc"に接尾語の"er"がついてサッカーという言葉ができました。19世紀末頃に、英国の学生たちが短縮言葉として使い出したのがきっかけのようです。

　世界的には、フットボールという言い方のほうが主流ですが、日本・アメリカ・カナダ・オーストラリアなどではサッカーという言葉のほうが広く使われています。アメリカンフットボールなど、他のフットボールも盛んな国では、区別するためかもしれません。

　ボールを蹴る競技は、中国の蹴鞠、イタリアのカルチョほか古くから世界各地にありましたが、近代スポーツとしてのサッカーの発祥地はイギリスです。イギリスでは、パブリックスクールで広く行われており、当時はイートン校など手を使うことを禁止するルールと、ラグビー校（ラグビーの名の由来となった学校）など手を使ってもいいルールの2つの流れがありました。

　前者は、1846年にケンブリッジ大学で立案されたルール（ケンブリッジルール）で統一され、今日のルールの原型となりました。1863年には、後者も含めたルール統一会議が行われましたが失敗に終り、後者は今日のラグビーの原型となりました。そして、イートン校などのグループが、フットボール協会をつくったため、このルールによるフットボールが、アソシエーション（協会）・フットボールと呼ばれるようになったのです。

　19世紀後半のイギリスは大英帝国として栄え、海外進出するイギリス人がサッカーを現地で楽しんでいたことが、世界に広がっていく上で大きな役割を果たしました。また、イギリス国内でも、プロのプレーヤーが誕生するまでに発展し、1888年にはフットボールリーグも始まっています。そして、20世紀の初め頃には、サッカーに対し地元の名士や企業がバックアップするようになり、プロ化の流れは、他の国にも広がっていきました。

　サッカーは、公開競技としては第1回アテネオリンピックから、公式競技としては1908年のロンドンオリンピックから行われています。しかし、アマチュア憲章を掲げるオリンピックと、プロが主体となってきたサッカー界の流れがかみ合わなかったため、1904年に結成された国際サッカー連盟(FIFA)は、1930年からプロも出場可能なFIFAワールドカップを開始したのです。このワールドカップが、いまでは世界中を熱狂させる世界最大のスポーツイベントになっています。

第2章

試合の進行と勝敗

試合の開始・再開

Point

1 トスに勝ったチームが攻めるゴールを決める

2 キックオフは前方（相手のゴール側）に蹴る

3 すべての選手は必ず自分のハーフ内にいる

解説

　コイントスに勝ったチームが試合の前半に攻めるゴールを決め、他方のチームが試合開始のキックオフを行います。後半は攻める方向を交換し、前半とは逆のチームがキックオフを行います。キックオフは、試合開始時のほか、後半開始時、延長線の前後半開始時に行います。また、どちらかのチームが得点したときは、失点したチームのキックオフで試合を再開します。キックオフから直接得点することも可能です。センターマークに静止させたボールを、主審の合図で必ず前方（相手ゴール側）に蹴り、移動させてプレーを開始・再開します。キックオフした選手は、他の選手がボールに触れるまで、再びボールに触れることはできず、もし触れたなら、相手チームに間接 FK が与えられます。キックオフで他の違反があった場合は、キッフオフをやり直します。

第 2 章 ● 試合の進行と勝敗

キックオフ

すべての選手は自分のハーフにいて、キックオフをしないチームの選手は相手ハーフおよびボールから 9.15m 以上離れます。キックオフ時にボールから離れる距離を示すのが、センターサークルです。

こぼれ話
キックオフから直接得点したことは？

競技規則では、キックオフから直接得点することは許されており、必ずしもありえない話ではなさそうです。実は、1980 年の第 59 回全国高校サッカー選手権大会で、当時の西目農業高校（秋田県）の小松晃選手が、見事 50 メートルもの超ロングシュートを決めてしまいました。もっとも、このときはキックオフした直後のボールをシュートしたのであって、直接ゴールした訳ではありませんでした。

ドロップボール

Point

1 規則にはない理由での試合停止後の再開方法

2 主審が腰の高さからボールを落とす

3 ボールがグラウンドに触れてから蹴る

解説

競技規則に規定されていない理由で競技が一時的に停止されたときに試合を再開する方法です。具体的には、①選手の負傷②観衆などのフィールドへの侵入③ボールの破裂④主審が誤って試合を停止した場合などです。プレーが停止されたときにボールのあった地点で、選手の間に主審が腰の高さからボールを落とします。ボールは地面についたときにインプレー（P.34参照）となります。その前にボールに触れたり、落としたボールが選手に触れずにフィールドの外に出たときはやり直しになります。ドロップされたボールが蹴られてそのままゴールに入った場合は得点とはならず、ボールを蹴った選手が攻撃側の選手であればゴールキック、守備側の選手であればコーナーキックになります。ドロップされたボールが複数回触れられゴールに入った場合は、得点となります。

第2章●試合の進行と勝敗

ドロップボールの位置

主審は、プレーを停止したときにボールがあった場所でボールをドロップします。ただし、ゴールエリアでプレーが停止された場合、ドロップボールは、そのときボールがあった地点に最も近いゴールラインに平行なゴールエリアのライン上で行います。なお、選手の負傷などで主審がプレーを止め、ドロップボールで再開する時は、プレーの停止前にボールを保持していたチームにボールを蹴り返すことが、一般的なマナーとされています。両チームともに責任のないアクシデントによる停止だからです。

ボールインプレー・ボールアウトオブプレー

Point

1 ボールはフィールド外に出たらアウトオブプレー

2 主審がプレーを停止したらアウトオブプレー

3 アウトオブプレー以外は、すべてインプレー

解説

　この2つは、プレーが進行しているかどうかを表している言葉です。地上、空中を問わず、ボールがゴールラインまたはタッチラインを完全に越えた、あるいは主審が笛を吹きプレーが停止された状態をボールアウトオブプレーと言います。同様に地上、空中を問わずゴールラインやタッチライン上にボールが少しでもかかっていれば、ボールはアウトオブプレーにはなりません。ボールは、アウトオブプレー以外のときは常にインプレーで、プレーが続行されている状態を指します。ゴールポスト、クロスバー、コーナーフラッグポストに当たっても、ボールがフィールド内にある限りはインプレーです。フィールド内にいる主審や副審に当たっても、審判は試合の一員であるため、ボールはインプレーで、そのまま試合は続けられます。

第 2 章 ● 試合の進行と勝敗

インプレーとアウトオブプレーの区別

ボールがオンラインの状態はインプレーです。

ラインの外側（空中も含む）に少しでも触れていればボールはインプレーです。

ラインの外側（空中も含む）から外れてしまうと、ボールはアウトオブプレーになります。

スローイン

Point

1 両足をタッチラインかタッチラインの外につける

2 両手で頭の後方から頭上を通して投げる

3 スローインから直接得点することはできない

解説

　ボールはその全体がタッチラインを越えたとき、アウトオブプレーとなり、最後にボールに触れた選手の相手チームにスローインが与えられます。ボールは出た地点からフィールド内に投げ入れます。スローインは、まず、両足とも一部をタッチラインかタッチラインの外のグラウンドにつけて行います。片足で立ったりジャンプすることはできません。そして、ボールは必ず両手で持ち、頭上を通して投げます。スロワー（スローインをする人）はボールを投げた後、他の選手が触れる前に再度ボールに触れることはできません。また、スローインから直接得点することもできません。相手の選手は、スローインが行われる地点から２m以上離れていなければならず、ボールは、地上、空中、どちらであっても、フィールドに入った瞬間にインプレーとなります。

第2章 ●試合の進行と勝敗

正しいスローイン

- 両足とも一部をタッチラインかタッチラインの外のグラウンドにつける。
- ボールは必ず両手で投げる。
- ボールは必ず頭上を通して投げる。

スローインの違反

Point

1 スローインの違反は相手のスローインに

2 スロワーが再度触れたら FK に

3 相手選手がスロワーを妨害したら
イエローカードに

解説

　スロワーが正しくないスローインをして違反したときは、相手チームのスローインとなり、スローインをやり直します。スロワーがボールを投げた後、他の選手が触れる前に再度ボールに触れてしまったときは、その違反の起きた場所から相手チームに間接 FK が与えられます。もし、触れたのが手や腕だったときは、直接 FK となります。さらに、違反がスロワーのチームのペナルティーエリア内で起きたときは、PK が与えられます。相手選手がスロワーを不当な方法で妨げたり、スローインが行われる地点から 2 m 以上離れていなければ、警告されます。なお、ボールをタッチラインに沿って投げたとき、そのボールが空中で一度フィールドに入った後で外に出た場合は、相手のスローインとなります。

第2章●試合の進行と勝敗

正しくないスローイン

- 片手で投げるのは違反です。両手でも均等に力をかけないと違反になります。
- 片足もしくは両足が、完全にラインの中に入ると違反です。
- 正しくないスローインによる違反は、相手チームのスローインとなります。

ゴールキック・コーナーキック

Point

1 ゴールキックは守備側がゴールエリアから蹴り試合再開

2 コーナーキックは攻撃側がコーナーアークから蹴る

3 どちらも相手チームのゴールに直接得点できる

解説

　ボールがゴールラインを越え得点にならなかったとき、最後にボールに触れた選手が攻撃側ならゴールキック、守備側ならコーナーキックになります。ゴールキックはGKが行うことも可能ですが、ボールはゴールエリア内に置かれます。ボールはペナルティーエリア外に出てインプレーとなり、相手チームはそれまでペナルティーエリア内に入れません。コーナーキックの場合、相手チームはコーナーアークから9.15m以上離れます。ともに相手チームのゴールに限り直接得点できます。いったんボールがインプレーになった後、強風やミスキックにより自分のチームのゴールに直接入ってしまっても、相手の得点になりません。なお、ボールがインプレーになった後、他の選手がボールに触れる前にキッカーがボールに再度触れたら違反になります（罰則は次項 P.42 参照）。

第2章●試合の進行と勝敗

正しい ゴールキック

ゴールキックは、ゴールエリア内の任意の場所にボールを静止させてから蹴ります。GKが蹴ってもフィールド・プレーヤーが蹴っても構いません。

正しい コーナーキック

コーナーキックは、ボールが出た地点から近い方のコーナーアーク内にボールを静止させてから攻撃側の選手が蹴ります。コーナーフラッグポストは立てたままとし、外して蹴ることはできません。

ゴールキック・コーナーキックの違反

Point

1 違反があったのはペナルティーエリアの内か外か

2 意図的に手で触れたのか否か

3 違反したキッカーは GK かどうか

解説

2つのキックとも、誰がどこでどう違反したのかにより罰則は間接 FK、直接 FK、PK などに変わります。ボールがインプレーになった後、他の選手がボールに触れる前に、キッカーがボールに再度触れたらその地点から間接 FK、意図的に手で触れたらその地点から直接 FK になります。ただ、後者の違反がキッカーのペナルティーエリア内で起きたら PK となります。また、意図的に手で触れる違反を GK が犯したら、ペナルティーエリア内では間接 FK、エリア外なら直接 FK となります。なお、ゴールキックの場合は、ボールはペナルティーエリアから外に出て初めてインプレーとなり、外に蹴り出されなかったときは、ゴールキックを再びやり直します。コーナーキックに関しても、規則に規定されていない違反は、やり直しとなります。

第2章 ●試合の進行と勝敗

正しくない ゴールキック

ゴールキックの場合は、ボールはペナルティーエリアから外に出て初めてインプレーとなります。ゴールエリアの外で蹴ってしまったときもやり直します。

正しくない コーナーキック

コーナーアークの外にあるボールを蹴ってしまったら、やり直します。外にボールが置かれていたら、主審や副審が事前に注意します。

得点になるとき・ならないとき

Point

1 ボール全体がゴールラインを完全に越えて1得点

2 直前に違反をしていないことが条件

3 同点の試合は引き分けが基本

解説

　ゴールポストの間とクロスバーの下で、ボールの全体がゴールラインを越えたとき、ゴールにボールを入れたチームが違反をしていなければ1得点となります。そのため、GKがゴールライン上でボールを止めた場合は、得点にはなりません。試合中により多く得点したチームが勝ちとなり、同点の場合は、その競技会の規定で勝者を決定しなければならないとき以外は引き分けとします。なお、①スローイン、ゴールキック、コーナーキック、間接FK、直接FKが自分のゴールに直接入った時②スローイン、間接FKが相手のゴールに直接入った時③フィールド内に入ってきた観衆や犬に触れたボールがゴールに入った時④ドロップボールが選手に触れずゴールに直接入った時は、ゴールに入っても得点になりません。近年では、得点か否かを機械で判断するゴールライン・テクノロジーや追加副審（P.125）も導入されています。

第2章 ●試合の進行と勝敗

得点となる基準

この写真の状態で止められれば、得点になりません。

ボールの全体が、ゴールの中でゴールライン（ゴールポスト・クロスバー）を完全に越えたら得点となります。

勝敗の決定

Point

1 延長戦は前後半各 15 分以内

2 5本のキックで決着を付ける PK 方式

3 アウェーでの得点を2倍に評価する方法も

解説

　同点時に勝敗の決着をつける必要があるときは、延長戦、ペナルティーマークからのキック（PK方式やPK方式と略しますが、通称は「PK戦」）、アウェーゴール・ルールの3つの方法が認められています。延長戦は、前後半それぞれ15分以内で行い得点の多い方が勝ちとなります。アウェーゴール・ルールは、対戦する両チームのスタジアムで試合を行う「ホームアンドアウェー方式」のゲームで、2試合の総得点が同点の場合に限り、アウェーでのゴール数を2倍にして、そのうえで総得点の多い方を勝ちとする方法です（詳細は右図）。なお、Jリーグでは、2003年のリーグ戦から延長戦を廃止し、90分間の試合時間後の結果、勝＝3点、引き分け＝1点、負＝0点とする制度としています。

第 2 章 ● 試合の進行と勝敗

アウェーゴールの適用例

※ A のホームでは 2-0 で A の勝利、B のホームでは 3-1 で B が勝利したとする場合。

	Aチーム	Bチーム
Aのホーム（Bはアウェー）	2点	0点
Bのホーム（Aはアウェー）	1点	3点
通常の総ゴール数	3点	3点
アウェーゴールでの合計	4点	3点

カップ戦など勝ち上がり方式の大会において、対戦するそれぞれのチームの会場で試合を行うホームアンドアウェー方式があります。これはホームとアウェー2試合の結果によって争うものですが、通算合計得点が両チーム同じ場合、アウェーでの試合の得点を2倍にして、その合計の比較で得点の多いチームを勝ちとするルールを取ることができます。これがアウェーゴールです。サッカーでは、アウェーでの戦いがどうしても不利になることを考慮し、アウェーのチームが、守りを固めて同点に持ち込むことを防ぐために考えられました。上記例では、AのアウェーであるBのホームで得点している1点を2倍すると、合計は4点となり、Aチームが勝ち上がることになります。なお、この方式を適用しても得点が同じ場合は延長戦を行うことがありますが、延長戦でもまだ同点となった場合も、このルールが適用されます。

PK戦の方法

Point

1	交互に1本ずつ、各5本のキックで決着
2	5本のキック前に決まれば以後キックはしない
3	同得点の場合は交互に1本ずつのキックで決着

解説

　PK戦は、PKを両チームが交互に行い、勝敗を決定する方法です。主審が使用するゴールを選び、コイントスをして、勝ったチームのキャプテンが先に蹴るか後に蹴るかを決めます。交互に1本ずつ各5本のキックを行い、多く得点したチームの勝ちとなります。5本蹴る前に勝敗が確定した場合は、その後のキックは行いません。5本ずつ蹴って同点だった場合は、それまでと同じ順序で、1本ずつのキックを追加し、決着がつくまで続けます。なお、延長戦を含め試合終了時にフィールドにいた選手だけがPK戦に参加できます。終了時のチーム間の選手数が異なっていたときは、多いチームが人数を減らし相手チームと同数にして始めます。GKも含め全員がキックを行い終わるまで、同じ選手が2回目のキックはできません。

第2章●試合の進行と勝敗

PK戦の事例　（○=入った　×=入らない　■=しない）

①4本でAチームの勝ち

	1	2	3	4	5
Aチーム	○	○	○	○	■
Bチーム	○	×	○	×	■

※ 4本ずつ蹴った段階で、5本目をAがはずしBが入れて4対3となっても、Aの勝ちは変わらないので5本目は行いません。

②5本でAチームの勝ち

	1	2	3	4	5
Aチーム	○	○	○	×	○
Bチーム	○	×	×	○	○

※ 4本目までは3対2でAがリードしていますが、5本目まで蹴らないと決まらないので、規定の5本目まで蹴ります（4対3でAの勝ちに）。

③6本でAチームの勝ち

	1	2	3	4	5	6
Aチーム	○	×	○	○	○	○
Bチーム	×	○	○	○	○	×

※ 5本蹴って4対4で決まらなかったので6本目を行い5対4でAの勝ちに。

チェック
PK戦が始まる前に両チームの選手数が異なっていたら？

PK戦が始まる前に両チームの選手数が異なる場合、選手が多いチームは少ないチームと同じ人数に合わせます。チームの主将は、PK戦に参加しない選手の氏名と背番号を主審に伝えます。PK戦が始まってから退場などで人数が異なった場合は人数合わせをせず、そのまま続けます。ただし、GKが負傷で参加できなくなった場合、交代枠を使っていなければ、控えのGKと交代できます。

PK戦時のポジション

Point

1 キッカーとGK以外はセンターサークル内に

2 監督やチーム役員はフィールドに入れない

3 キッカー側GKも指定の位置で待機

解説

　PK戦は、キッカーがペナルティーマーク上に置いたボールをキックし、GKが得点を阻止する1対1での勝負です。他の選手は、センターサークル内で待機している必要があります。主審は、PK戦を開始する前に、フィールド内に両チームとも同数の選手が留まっていることを必ず確認します。PK戦に参加できる選手だけがフィールドに入れます。監督やチーム役員、交代要員などは、フィールド内に入ることはできません。キッカー側のGKは、キックに影響を与えないようにゴールから離れ、ゴールラインとペナルティーエリアラインの交点の上で待機します。なお、主審と副審の1人は、GKの両側に分かれて位置し、もう1人の副審は、センターサークル付近に位置します。

第 2 章 ● 試合の進行と勝敗

PK 戦時のポジション図

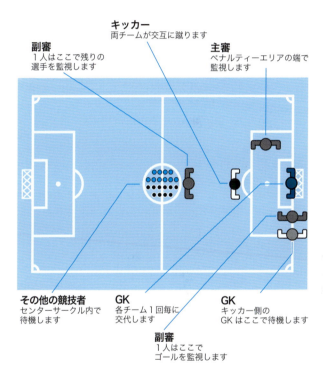

キッカー
両チームが交互に蹴ります

副審
1 人はここで残りの選手を監視します

主審
ペナルティーエリアの端で監視します

その他の競技者
センターサークル内で待機します

GK
各チーム 1 回毎に交代します

GK
キッカー側の GK はここで待機します

副審
1 人はここでゴールを監視します

副審の 1 人はゴールラインとゴールエリアラインの交点に位置し、ボールがラインを越えたかどうかチェックします。
もう 1 人の副審はセンターサークル付近で残りの選手を監視します。

おなじみのデザインが さらに進化を遂げる！
~サッカーボールの歴史~

　サッカーボールには、手縫いのボールと、皮をゴムのチューブに機械で貼り付けて作った「貼りボール」と呼ばれるものがあります。手縫いのボールは、その約7割がパキスタンでつくられており、インドや中国を加えると9割以上を占めます。

　パキスタンやインドで生産が盛んなのは、サッカー発祥の地であるイギリスの植民地だったことが関係しており、児童労働が問題にもなりました。そのため、FIFAは、国連児童基金（UNICEF）と同意のうえ、1998年のワールドカップフランス大会から、児童労働によって生産された手縫いのサッカーボールは使用しないことを決定しています。

　以前は、サッカーボールは牛の天然皮革でつくられていましたが、雨などで水分を吸うと重くなるため、1986年のワールドカップメキシコ大会から、人工皮革のサッカーボールが使われるようになりました。

　1960年頃までは、12枚もしくは18枚の細長い革の組み合わせで作られたボールが広く使われていましたが、その後、黒い五角形の革12枚と白い六角形の革20枚を組み合わせた「切頂二十面体」のボールが登場しました。そして、1970年のワールドカップメキシコ大会から、この「テルスター」と呼ばれるボールが採用され、今日では、サッカーボールといえば、誰もがこのデザインと思い浮かべるまでに普及しています。

　しかし、2006年のワールドカップドイツ大会では、これまでとは異なる構造の「プラスチームガイスト」（略して「チームガイスト」）と呼ばれるボールが採用されました。これは、プロペラ状のパネル6枚とローター状のパネル8枚の計14枚で構成されており、機械生産が可能で、手縫いのボールに比べて表面の凹凸が少ないのが特徴です。

　2008年の北京五輪でもこの改良版が採用され、2010年のワールドカップ南アフリカ大会では8枚のパネルで構成した「ジャブラニ」が用いられました。しかし、"ブレだま"と言われた予測不可能な軌道が不評で、2014年のブラジル大会ではたった6枚のパネルで構成される「ブラズーカ」に改良され、この問題は大きく解消されました。ちなみに、FIFAワールドカップで使用するサッカーボールの構造とデザインは、1970年のワールドカップメキシコ大会でアディダス社がスポンサーとなって以来、今日まで一貫して同社が開発・担当しています。

第3章
ファウルとFK

直接FK となる反則①

Point

1	相手を不正に蹴る・つまずかせる
2	相手に不正な方法で飛びかかる・チャージする
3	相手を不正に殴打する・押す・タックルする

解説

相手選手に対し、下記①〜⑦の反則を不正に（不用意に、無謀に、あるいは過剰な力で）犯したと主審が判断した場合、直接FK（直接ゴールが可能。詳細はP.62）が相手チームに与えられます。これらの反則を自分のペナルティーエリア内で犯すと、相手チームにPKが与えられます。

① キッキング（蹴る、蹴ろうとする）
② トリッピング（つまずかせる、つまずかせようとする）
③ ジャンピングアット（飛びかかる）
④ チャージ（不正に相手にチャージする）
⑤ ストライキング（殴る、打つ、打とうとする）
⑥ プッシング（押す）
⑦ タックル（不正な方法で相手にタックルする）

第3章 ● ファウルと FK

ジャンピングアット

相手選手とヘディング争いになったときにジャンピングアットはよく起こります。この写真では 37 番の選手の反則です。

チャージ

肩で相手の肩を押すだけでは反則となりませんが、写真のように腕を使って押したり、過剰な力をもって相手選手にチャージすることは反則になります。

直接FK となる反則②

Point

1 相手を押さえ込む

2 相手につばを吐きかける

3 意図的に手や腕でボールを扱う

解説

相手選手に対し、下記⑧〜⑩の反則を犯したと主審が判断した場合も、直接FKが相手チームに与えられます。これらは、前項の①〜⑦と異なり、程度の差はなく行為そのものが反則となるものです。

⑧ ホールディング（体やシャツをつかんだり押さえ込んだりする）

⑨ スピッティング（つばを吐きかける、吐きかけようとする）

⑩ ハンドリング（意図的にボールを手や腕で扱う）

ハンドリングはよく「ハンド」と略して言われます。相手の蹴ったボールが偶然手に当たった場合など、意図的にボールを手で扱ったのでなければ反則にはなりません。ただし、前項の①〜⑦同様に、これらも自分のペナルティーエリア内で犯せば相手チームにPKが与えられます。

第3章 ● ファウルとFK

ホールディング

ホールディングは、必ずしも後ろの選手が前の選手に対してするとは限りません。写真の例では、前の選手(35番)が後ろの選手(37番)をホールディングし、前に行くのを止めています。

ハンドリング

写真の例では、ボールを胸で止めようとしたのかもしれませんが、実際は腕に当てて止めています。これは意図的な行為なので、ハンドリングの反則となります。

間接FK となるGKの反則

Point

1 ペナルティーエリア内で6秒以上ボールを保持する

2 ペナルティーエリア内で手離したボールに再度手で触れる

3 自分のペナルティーエリア内でバックパスやスローインされたボールに手で触れる

解説

　GKが自分のペナルティーエリア内で、下記①〜④の反則を犯した場合、相手チームに間接FKが与えられます。間接FKからは、直接ゴールはできず、ボールが相手ゴールに入る前に他の選手に触れた場合のみ得点となります。

① 自分のものとしたボールを離すまで、手で6秒を超えてコントロールしてしまう
② 自分のものとしたボールを手から離した後、他の選手が触れる前に再度手で触れる
③ 味方選手が意図的にGKに向かって蹴ったボールを手で触れる（右写真参照）
④ 味方選手がスローインしたボールを直接手で受けて触れる（右写真参照）

第3章 ● ファウルとFK

味方選手からのパス・スローイン

GKが自分のペナルティーエリア内で、味方選手が蹴ったボールを手で取ってしまうと反則になり、相手チームに間接FKが与えられます。

味方選手が投げたスローインのボールをGKが自分のペナルティーエリア内で、手で触れても反則となり、相手チームに間接FKが与えられます。

間接FKとなる選手の反則

Point

1 危険な方法でプレーする

2 相手の前進を妨げる

3 GKの投球を妨げる

解説

　選手が、下記①～④の反則を犯したと主審が判断した場合、相手チームに間接FKが与えられます。
① 危険な方法でプレーする（ヘディングしようとしている相手選手のすぐ前で足を高く上げるなど）
② ボールをプレーする意図がないのに相手選手の進路・進行を妨害する（右写真参照。一般的に「オブストラクション」と呼ばれる）
③ GKがボールを手から離すのを妨げる（ボールを離そうとしているGKのプレーを妨げる。右写真を参照）
④ これまでに規定されていないもので、選手を警告する、または退場させるためにプレーを停止することになるその他の反則（審判、味方選手、ベンチスタッフに対して物を投げつけるといった乱暴な行為など）

第3章 ●ファウルとFK

GKへの妨害・進路妨害

GKが持っているボールを蹴ろうとしています。これは明らかに反則であり、GK側のチームに間接FKが与えられます。

28番の選手がボールをプレーしているならば問題ありませんが、単に相手選手の進路を意図的に妨害しているならば、進路妨害の反則となります。

061

FK の方法

Point

1 反則の起きた位置から好きな方向に蹴る

2 直接ゴールできる直接 FK、できない間接 FK

3 相手選手はボールから 9.15m 以上離れる

解説

　FK は、反則の起きた場所から反則を受けた側が相手の妨げなくキックしプレーを再開する方法です。直接 FK は、ボールが相手ゴールに直接入れば得点、自分たちのゴールに直接入れば相手チームのコーナーキックとなります。間接 FK は、直接ゴールに入っても得点にならず、もし相手ゴールに直接入ればゴールキック、自分たちのゴールに直接入れば相手チームのコーナーキックとなります。FK は、反則の起きた位置にボールを静止させてから行い、相手選手はボールから 9.15m 以上離れます。なお、FK のときにフェイントをかけることは、認められています。また、ボールがインプレーになるのは、ペナルティーエリア内からの FK ではペナルティーエリア外に直接蹴り出されたとき。ペナルティーエリア外では、ボールが蹴られて移動したときです。

第3章 ● ファウルとFK

FK時の選手の位置

A地点からの間接FKの場合

FKをする場合、相手選手はボールから9.15m以上離れていなければなりません。例外として、図のA地点のようにゴールエリアの近くで間接FKをする場合、守備側選手は9.15m離れていなくても、ゴール内のゴールライン上であれば立つことが許されます。さらに、ゴールエリア内で与えられた間接FKは、反則の起きた地点に最も近いゴールラインに平行なゴールエリアライン上で行われます。

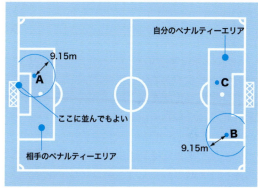

B地点からのFKの場合

ペナルティーエリア内から守備側選手が行うFKの場合、相手選手はボールがペナルティーエリアから出てインプレーになるまで、エリアの外にいなければなりません。ボールから9.15m以上離れても、C地点のようにペナルティーエリアの中にいることはできません。また、自分のゴールエリア内のFKは、エリア内の任意の地点から行うことができます。

FKの違反

Point

1 相手選手がボールより9.15mより近かったらFKのやり直し

2 キッカーが続けてボールに触れると相手の間接FKに

3 それが意図的に手で触れたら相手の直接FKに

解説

　FKを行うとき、相手選手はボールから9.15m以上離れなければなりません。これに違反して、より近い距離にいたり、侵入した場合は、FKをやり直します。また、違反した相手選手は警告され、イエローカードが示されます。ペナルティーエリア内で守備側チームがFKを行い、ボールが直接ペナルティーエリアから出ない場合もやり直しです。ボールは蹴られて移動したときインプレーになり、他の選手に触れる前にキッカーが手以外でボールに再度触れた場合、相手チームの間接FKとなります。ただし、意図的に手で触ったと主審が判断した場合は直接FKとなります（自分のペナルティーエリア内で触れればPK。なお、手で触れたとしても、キッカーがGKであれば、間接FK）。

第3章 ● ファウルと FK

FK の違反と罰則一覧

FKのやり直し	1. FK を行うとき、相手選手が規定の距離よりボールの近くにいる	再びキックを行う
	2. ペナルティーエリア内で守備側チームが FK を行ったとき、ボールが直接ペナルティーエリアから出なかった	再びキックを行う
GK以外の選手によるFK	3. ボールがインプレーになって、他の選手が触れる前に、キッカーがボールに再び触れた（手による場合を除く）	相手チームの間接 FK
	4. ボールがインプレーになって、他の選手が触れる前に、キッカーがペナルティーエリア外で意図的にボールを手で扱った	相手チームの直接 FK
	5. ボールがインプレーになって、他の選手が触れる前に、キッカーが自分のペナルティーエリア内で意図的にボールを手で扱った	相手チームの PK
GKによるFK	6. ボールがインプレーになって、他の選手が触れる前に、GK がボールに再び触れた（手による場合を除く）	相手チームの間接 FK
	7. ボールがインプレーになって、他の選手が触れる前に、GK がペナルティーエリアの外で意図的にボールを手で扱った	相手チームの直接 FK
	8. ボールがインプレーになって、他の選手が触れる前に、GK がペナルティーエリア内で意図的にボールを手で扱った	相手チームの間接 FK

PKの方法

Point

1 ボールはペナルティーマークから蹴り直接得点可

2 GKはボールが蹴られるまではゴールライン上に

3 キッカーとGK以外の選手は決められた位置に離れて待機

解説

　PKは、選手が直接FKとなる10の反則(P.54〜57参照)を、自分のペナルティーエリアで犯したとき相手チームに与えられます。ボールはペナルティーマークに置きますが、ボールが蹴られるまでは、GKは、両ゴールポストの間のゴールライン上で、キッカーの方を向いていなくてはなりません（ゴールラインの上ならば、左右に移動することはできます）。キッカーは、キックの後、他の選手がボールに触れるまで再度触れることはできません。また、キッカーとGK以外の選手は、すべてペナルティーエリアの外で、なおかつペナルティーマークより後方のフィールド内で、ペナルティーマークから9.15m以上離れた位置にいなければなりません。

第3章 ● ファウルとFK

PK時の選手の位置

PKをするときは、ボールをペナルティーマークに静止し、GKは、ゴールライン上にいなくてはなりません。

PKのときは、GKとキッカー以外の選手はこのエリアに立ち入ることができません。

PKの違反

Point

1 守備側の違反はボールが入れば得点、入らなければやり直し

2 攻撃側の違反はボールが入ればやり直し、入らなければ相手チームの間接FK

3 両チームの違反はボールが入っても入らなくてもやり直し

解説

　PKの際には、ボールは蹴られ前方に移動したときインプレーとなり、キックされたボールがゴールポストのクロスバー、GKに触れても、ゴールポスト間とクロスバーの下を通過すれば得点となります。それ以前に守備側選手がペナルティーマークから9.15 m（P.67参照）内に入る、GKがゴールラインから出るなどの違反があったときは、ボールがゴールに入れば得点、入らなければPKのやり直しとなります。逆に、攻撃側選手が違反した場合は、ゴールに入ればPKのやり直し、入らなければ守備側の間接FKとなります。なお、両チームの選手とも違反をしてしまった場合は、ボールがゴールに入る入らないにかかわらずPKをやり直します。

第3章 ● ファウルと FK

PK の違反と罰則一覧

PK の際の違反と対処

違 犯	ゴールに入る	ゴールに入らない
1. キッカーが違反した場合	再び行う	プレーを停止し守備側の間接 FK
2. GK が違反した場合	得点	再び行う
3. キッカーの味方選手が違反した場合	再び行う	プレーを停止し守備側の間接 FK
4. GK の味方選手が違反した場合	得点	再び行う
5. 両チームの選手が違反した場合	再び行う	再び行う

PK 後の違反と罰則

違 犯	罰 則
1. 他の選手がボールに触れる前にキッカーがボールに再び触れる（手による場合を除く）	相手チームの間接 FK
2. 他の選手がボールに触れる前に、キッカーが意図的にボールを手で扱う	相手チームに直接 FK
3. ボールが前方に進行中、外的要因がボールに触れる	キックが、再び行われる
4. ボールが GK、クロスバー、ゴールポストからフィールド内に跳ね返ったのち、外的要因がボールに触れる ※外的要因とは、観客、犬、試合球以外のボールなど	主審はプレーを停止し、外的要因がボールに触れた場所で、ドロップボールにより再開。ただし、ゴールエリアでプレーが停止された場合、ドロップボールは、プレーを停止したときにボールがあった地点に最も近いゴールラインに平行なゴールエリアのライン上で行う

警告〜イエローカード

Point

1 反スポーツ的行為や審判への異議は警告

2 再三の規則違反、試合再開の遅延や規定距離不足も対象

3 主審の承認を得ないフィールドへの出入りは警告

解説

　サッカーをする選手として許されない悪質な反則に対しては、主審により警告がされ、これを明示するためイエローカードが示されます。警告の対象となる反則は、次の7項目です。①②④の場合は、交代要員や交代して退いた選手に対しても警告されます。

① 反スポーツ的行為（P.72 〜 74 に事例解説）
② 審判などに対する言葉または行動による異議（P.75 に事例解説）
③ 繰り返し競技規則に違反する
④ プレーの再開を遅らせる（P.75 に事例解説）
⑤ コーナーキック、FK、スローインでプレーが再開されるときに規定の距離を守らない
⑥ 主審の承認を得ずフィールドに入る、または復帰する
⑦ 主審の承認を得ず意図的にフィールドから離れる

第3章 ● ファウルと FK

イエローカードの提示

イエローカードは、主審が警告を与えた時に、そのことを選手だけでなく関係者や観客に広く知らせるために提示されます。そのため、一般的には、イエローカードという言葉は、警告と同じ意味で使われているのが通例で、単にイエローと言われることもあります。

> こぼれ話
> **イエロー＆レッドカードはなぜ、いつから？**
>
> カードが導入される前、言葉の通じない国際試合などでは、主審が警告したということを当の選手に上手く伝えることができませんでした。そこで、誰が見てもすぐに理解できるようにとカードが考案されたのです。1968年のメキシコオリンピックで初めて2種類のカードが使われました。市販されているカードは、縦約10cm × 横約7cmのプラスチック製のもので、裏面には警告などの記録を書けるようになっているものもあります。

イエローカード事例 ①

反スポーツ的行為／相手選手のシャツをつかむ

直接FKとなる10項目の反則（P.54〜57参照）を犯しただけでは、必ずしも警告されるとは限りませんが、その程度が無謀と判断されると、イエローカードが提示されます。写真のように手で相手選手のシャツをつかみ相手が有利な位置を得ることを妨げたり、ボールをコントロールできないようにすれば、反スポーツ的と判断され（右ページの3にも該当）、イエローカードが示されます。

第 3 章 ● ファウルと FK

反スポーツ的行為の事例一覧

1. 直接 FK となる反則を無謀に行う。
2. 相手の大きなチャンスとなる攻撃のじゃまをする、または阻止するという戦術的な目的でファウルを犯す。
3. 相手選手を抑えて、戦術的な目的で、ボールから遠ざける、またボールに向かうのを妨げる。
4. ボールを手で扱って、相手選手がボールを受け取るのを妨げる、また攻撃の展開を防ぐ（GK が自分のペナルティーエリアにあるボールを扱う場合を除く）。
5. ボールを手で扱って得点をしようと試みる（その試みが成功しようとしまいと）。
6. 負傷を装って、またファウルをされたふりをして（シミュレーション）、主審を騙そうとする。
7. プレー中、また主審の承認を得ずに GK と入れ替わる。
8. サッカー競技に対して敬意を払わない態度で行動する。
9. フィールドから離れる承認を得たのち、歩いてフィールドから出る途中ボールをプレーする。
10. プレー中、また再開のときに言葉で相手選手を惑わす。
11. フィールドに認められないマークや線を足などで描く。

イエローカード事例 ②

反スポーツ的行為／過度な得点の喜び

選手が得点をしたとき、その喜びを表すことは認められていますが、その表現は過度になってはならないと規定されています。過度とは、着ているものを脱いだり、かぶったり、フェンスに登ったりすることなどです。なお、相手を挑発したり嘲笑する行為もイエローカードの対象となります。

第3章 ●ファウルとFK

イエローカード事例 ③

言葉や行動で異議を示す

審判の判断に対し、言葉で異議を示す（抗議する）ことはもちろん、ボールを地面にたたきつけるなど、言葉を使わなくても態度や行動で異議を示した場合も、イエローカードの対象となります。

イエローカード事例 ④

プレーの再開を遅らせる

以下のような行為でプレーの再開を遅らせる選手はイエローカードの対象となります。
1. 主審にやり直しを命じさせる目的だけで、間違った場所からFKを行う。
2. スローインを行おうとしたが急に味方選手の1人にスローインを任せる。
3. 主審がプレーを停止したのちボールを遠くへ蹴る、またボールを手で持ち去る。
4. スローインまたはFKを行うことを過度に遅らせる。
5. 交代が行われるとき、フィールドから離れることを遅らせる。
6. 主審がプレーを停止後、意図的にボールに触れて相手との対立を引き起こす。

退場〜レッドカード

Point

1 著しく不正なプレー、乱暴な行為、つば吐きは退場

2 反則による決定的な得点の機会の阻止も退場

3 侮辱的な言葉、身振りや２回目の警告も退場

解説

　レッドカードは、選手、交代要員または交代して退いた選手に、退場が命じられたことを示すカードです。次の７項目の反則に対し提示されます（監督やスタッフには、カードは示さないが退席を命じることがある）。

① 著しく不正なファウルプレー

② 乱暴な行為

③ 相手選手またはその他の者につばを吐く

④ 意図的に手でボールを扱い相手チームの得点または決定的な得点の機会を阻止する。ただし、自分のペナルティーエリア内でGKが行ったものには不適用

⑤ FKまたはPKとなる反則で、ゴールに向かっている相手選手の決定的な得点の機会を阻止する

⑥ 攻撃的な侮辱的なまたは下品な発言や身振りをする

⑦ 同じ試合の中で２回目の警告を受ける

第3章 ● ファウルと FK

レッドカードの提示

同じ試合の中で2回目の警告を受けると、退場を命じられレッドカードを提示されます。そのため、レッドカードは、俗に2枚目のイエローと言われることもあります。この場合は、主審は一方の手でイエローカードを示した後、もう一方の手でレッドカードを上にあげ、2回目の警告による退場であることを示します。

GKによる決定的な得点の機会の阻止

Point

1 相手選手をトリップしての得点阻止は退場

2 ペナルティーエリア外でシュートを手で防ぎ退場

3 決定的な得点の機会の阻止には判断基準がある

解説

攻撃側の選手が相手ゴールに向かっているとき、GKが手で相手をトリップ（右写真）すれば、決定的な得点の機会を阻止したことになり、GKへの退場が命じられます。同様に、GKが、ペナルティーエリア外で相手がシュートしたボールを手で扱い防御すれば、これも決定的な得点の機会を阻止したとみなされ、退場となります。ただし、攻撃側の選手がゴールから離れるように動いていたならば、ペナルティーエリア内でGKが、その攻撃側選手をトリップしても、PKは与えられますが、決定的な得点の機会阻止とは判断されず、退場となることはありません。

第3章●ファウルとFK

GKが相手選手をトリップ

写真では、ゴール間近でシュートチャンスがある状況のなかで、GKが手を使って相手の足を押さえています。これは「決定的な得点の機会を阻止する」ことになり、レッドカードが示され退場となります。

守備選手による決定的な得点の機会の阻止

Point

1 シュートボールを手でパンチして得点を防げば退場

2 シュート態勢に入る相手選手にボールが渡るのを防げば退場

3 決定的な得点の機会の阻止には判断基準がある

解説

　攻撃側の選手がボールをシュートした状況で、ボールがゴール内のゴールラインを割る（得点になる）直前に、守備側の選手がボールをパンチしてバーの上に出した場合、これは相手チームの明らかな得点を阻止したことになるので、その選手には退場が命じられます。また、シュートボールでなくても、味方選手からパスされたボールをシュートしようとして待ち構えている攻撃側選手の前で、守備側の選手が手でボールを阻止した場合も、その守備側選手は退場となります。ただし、守備側選手がペナルティーエリア内で攻撃側選手をトリップしても、その攻撃側の選手がゴールから離れるように動いていた場合は、前途の GK の例と同様に PK が与えられても、決定的な得点の機会の阻止ではないので、退場となることはありません。

第3章●ファウルとFK

「決定的な得点の機会の阻止」の判断基準

決定的な得点の機会の阻止とは、必ずしもペナルティーエリア内で発生するものだけが対象となっている訳ではありません。
主審と副審は、得点または決定的な得点の機会の阻止で競技者に退場を命じるとき、次の状況を考慮に入れなければなりません。
① 反則とゴールとの距離
② ボールをキープできる、またはコントロールできる可能性
③ プレーの方向
④ 守備側競技者の位置と数
⑤ 相手競技者の決定的な得点の機会を阻止する反則が、直接FKまたは間接FKとなるものであること。

　例えば、攻撃側の選手がトリップされたとき、ゴールへは向かっていたが、ゴール近くにすでに2人の守備側の選手がいたとしたら、それは決定的な得点の機会とはいえないことになります。

チェック
得点が阻止できなかった場合

攻撃側選手の蹴ったシュートボールを、守備側の選手が手で扱って得点を防ごうとしたが、防ぎきれず得点となった場合は、その得点は認められます。そして、手を使った選手は退場とはなりませんが、反スポーツ的行為を行ったとしてイエローカードが提示され警告となります。こうした反則があっても、主審が攻撃側が有利な状況が続くと判断しアドバンテージを適用し、得点となるケースがしばしば見られます。

第3章 ● ファウルとFK

グリーンカード

Point

1	選手のフェアプレーやポジティブな行為を認めるカード
2	12歳以下の試合で使用が推奨されている
3	「サッカーは人生の学校」と協会が提唱

解説

　「サッカーは人生の学校です。楽しいばかりでなく、感情を呼び起こすものです。負けた時には悲しみと涙、勝ったときには歓びと祝祭。サッカーは少年少女に人生の徳と価値を学ぶ機会を与えます」として、(公財) 日本サッカー協会は12歳以下のサッカーの試合の中で、教育的側面からよいマナー、フェアプレー、頑張りなどをほめるためにグリーンカードを主審が示すことを提唱しています。より具体的には、負傷選手への思いやりや対応、頑張った証、規則準拠に対する自己申告、問題行動への抑止行動、ファウルした時の謝罪やそれを許す握手、試合におけるチームの取り組みなどに対して示されます。カードは、イエローカード、レッドカードとほぼ同じ大きさ・形で、色は緑です。なお、8人制サッカー (P.132参照) にも使用が奨励されています。

第4章

オフサイド

オフサイドとは

Point

1	攻撃側の待ち伏せプレーを禁止するルール
2	オフサイドポジションにいること自体は反則ではない
3	ゴールキック、スローイン、コーナーキックから直接受けるときはOK

解説

　オフサイドとは、簡単に言うと攻撃側の待ち伏せプレーを禁止するルール。攻撃側の選手がボールより前方で相手ハーフ内にいて、後方から2人目の守備側選手より守備側ゴールラインに近い位置にいることを"オフサイドポジションにいる"と言います。このポジションにいること自体は反則ではなく、後方から2人目の守備側選手と同じライン上でもオフサイドにはなりません。ただし、手と腕以外の体の一部が守備選手よりゴールラインに近くなっているときは、オフサイドポジションとなります。このオフサイドポジションにいる味方選手にボールを送った瞬間にオフサイドの反則の対象となります。ゴールキック、スローイン、コーナーキックから直接受けたときは、オフサイドの対象にはなりません。なお、フィールド内のオフサイドポジション以外をオンサイドポジションと言います。

第4章●オフサイド

オフサイド解説図

①相手陣内にいる ②ボールより前にいる ③相手の2番目に後ろの選手よりゴールラインに近い位置にいる
この3つの条件を満たす位置をオフサイドポジションと言います。このポジションにいる選手がパスを受けるとオフサイドとなります。オフサイドは、ボールがパスされた瞬間の位置で決まります。もし、BがAからのボールをオンサイドポジションで受けたとしても、Aがボールに触れた瞬間、Bがオフサイドポジションにいたらオフサイドになります。

チェック
ゴールラインの外に出てしまったら？

試合中、プレーの勢いで選手がゴールラインの外に出てしまうことがあります。そのような選手は、ゴールライン上にいるとみなされます。例えばGKがフィールド内にいて、守備側選手がゴールラインの外にいれば、オフサイドライン（後方から2人目の守備側競技者の位置）は、GKとなります。仮にそのGKとGKより前方にいる守備選手の中間地点にいる攻撃側選手はオフサイドポジションにはいないことになります。

オフサイドの反則と罰則

Point

1 オフサイドポジションでプレーにかかわると反則

2 攻撃側選手によりプレーされた瞬間に判断

3 反則の場所から間接FKで再開

解説

　オフサイドポジションにいて、その選手が次の3つのいずれかでプレーにかかわっていると主審が判断すると、オフサイドの反則になります。①プレーに干渉する（味方がパスしたボールに触れたり、プレーする）②相手選手に干渉する（明らかに相手選手の視線を遮る、またはボールへ向かう相手選手にチャレンジすることによって、相手選手がプレーするまたはプレーする可能性を妨げる）③その位置にいることにより利益を得る（GKなどから跳ね返ってきたボールをプレーする）の3つの場合です。オフサイドの反則の対象になるかどうかは、味方の選手がボールを蹴ったり触れたりした瞬間に判断されます。そのため、例えばパスされる前はオンサイドポジションにいて、パスを送られてからオフサイドポジションに走り込みパスを受けても反則にはなりません。オフサイドの反則になると、反則の起きた場所から相手に間接FKが与えられます。

第4章 ● オフサイド

オフサイドになる場合

味方選手がボールに触れた瞬間、オフサイドポジションにいる選手が、次のいずれかでプレーにかかわっていると主審が判断するとオフサイドになります。

① **プレーに干渉する**

　味方選手のパスした（触れた）ボールをプレーする。

② **相手選手に干渉する**

　GKや守備側選手の前に立って、あるいは動いて、その視線を遮る。また、ボールをプレーしようしている相手選手にチャレンジすることによって、相手選手のプレー、プレーする可能性を妨げる（相手選手の視線を遮らず、ただ横にいるだけでは干渉したことになりません）。

③ **その位置（オフサイドポジション）にいることにより利益を得る**

　ゴールポストなどからボールが跳ね返ってきたり、相手選手から跳ね返ってきたボールをプレーする（ただし、相手選手が蹴る、ヘディングするなどプレーした場合を除く）。

オフサイドにならない場合

選手が次のプレーなどから直接ボールを受けたときはオフサイドになりません。

① ゴールキック
② スローイン
③ コーナーキック
④ ドロップボール

オフサイドライン

Point

1 オフサイドポジションを示すための仮想のライン

2 副審はオフサイドラインに位置する

3 ボールの位置によりオフサイドラインは変わる

解説

　オフサイドポジションにいるかどうかの判断には、オフサイドラインが想定されます。オフサイドラインとは、守備側の後方２人目の選手（ボールの時もある）を通るゴールラインに平行な仮想の線のことです。副審は、このラインの延長線上にいて、オフサイドの反則を監視します。通常は、GKがもっとも後方にいるので、その場合は、GKを除いて１番後ろにいる選手の位置がオフサイドラインと考えるとわかりやすくなります。守備側の最終ライン（最終DFライン）とも言えます。この守備側の最終ラインより、ボールの位置がゴールラインに近くなると、ボールの位置がオフサイドラインに変わります。また、このオフサイドラインは意図的に上げることで、相手をオフサイドポジションに陥れる（オフサイドトラップ）など、守備的戦術にも活用されています。

第4章●オフサイド

オフサイドライン解説図

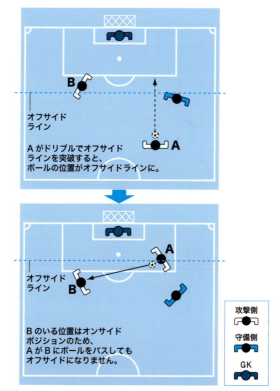

オンサイドポジションにいた攻撃側の選手がボールをドリブルして前進し、守備側がつくっていたオフサイドラインを越えると、後方2人目の守備側選手の位置に関係なく、ボールの位置がオフサイドラインに変わります。この状態ではBのいる位置はオンサイドポジションになるため、AがBにボールをパスしてもオフサイドの反則になりません。

オフサイドになる！ならない？①

相手選手に干渉しなくても
ボールに触れればNG

Aがパスした瞬間オフサイドポジションにいるBは、相手選手に干渉しなかったが、ボールに触れてしまった場合、それはプレーに干渉したことになります。そのため、Bがボールに触れたとき、オフサイドの反則になります。

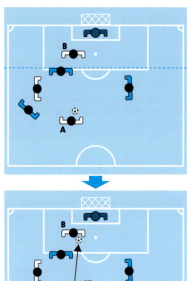

第4章●オフサイド

オフサイドになる！ならない？②

オフサイドポジションにいても
ボールに触れなければOK

オフサイドポジションにいるBは、Aのシュート時に、相手選手に干渉せず、また、ボールに触れていないので、オフサイドの反則になりません。

オフサイドになる！ならない？③

オフサイドポジションにいても ボールを追うだけならOK

Aがパスを出した瞬間オフサイドポジションにいたBがボールに向かって走り、オンサイドポジションにいたCもボールに向かって走った。結果的にCがボールをプレーした。Bはオフサイドポジションにいたが、ボールに触れずプレーに干渉しなかったので、オフサイドの反則にはなりません。

第4章 ●オフサイド

オフサイドになる！ならない？④

ボールをプレーすることになると主審が判断したらNG

他の味方選手がプレーする可能性がなく、Aがパスを送った瞬間にオフサイドポジションにいたBがボールをプレーすることになるだろうと主審が判断した場合、Bはオフサイドの反則とみなされます。

オフサイドになる！ならない？⑤

ボールがプレーの可能性が生じる前にゴールラインを越えたのでゴールキック

オフサイドポジションにいたBが、Aから出されたボールに向かって走ったが、プレーする（その可能性が生じる）前にボールはゴールラインを越えた場合、オフサイドの反則にはならずゴールキックとなります。

第4章●オフサイド

オフサイドになる！ならない？⑥

オフサイドポジションで
キーパーの視線を遮りNG

Aはオフサイドポジションにいて、GKの視線を遮ってボールを見えないようにしたので、相手選手に干渉したことになりオフサイドの反則になります。

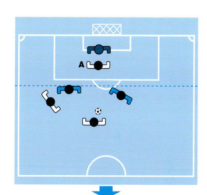

シュート

オフサイドになる!ならない?⑦

ボールに触れず相手選手にも
干渉していないのでOK

AがシュートをはなったがI、オフサイドポジションにいるBは、ボールに触れず、またGKの視線を遮ったり、身振りや動きで惑わしたりしていなかったので、相手選手に干渉はしていないことになり、オフサイドの反則にはなりません。

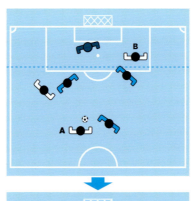

第4章 ●オフサイド

オフサイドになる！ならない？⑧

ボールに触れず相手選手にも干渉していないので OK

オフサイドポジションにいるBがボールに向かって走ったが、守備側Cのプレー、またはプレーする可能性を妨げたり、身振りや動きで惑わしたり混乱させたりしていなかったので、オフサイドの反則にはなりません。

オフサイドになる！ならない？⑨

相手選手のプレーの可能性を妨げたらNG

オフサイドポジションにいるBはボールに向かって走ったが、背後からであってもボールをカットしようとプレーしているCにチャレンジし、プレー（またその可能性）を妨げた場合、相手選手に干渉したとしてオフサイドの反則になります。

第4章●オフサイド

オフサイドになる！ならない？⑩

ボールが相手選手に当たり
ゴールラインを越えればコーナーキック

オフサイドポジションにいたBがAから出されたボールに向かって走ったが、Bがプレーする前にボールはCに当たりゴールラインを越えてしまった場合、オフサイドの反則にはならず、コーナーキックとなります。

オフサイドになる！ならない？⑪

偶然来たボールでも
オフサイドポジションで触るとNG

偶然来たボールでもオフサイドポジションにいて触るとNG。Aがシュートしたときにオフサイドポジションにいた攻撃側選手Bが、GKから跳ね返って来たボールに触れた場合、その位置（オフサイドポジション）にいて利益を得たのでオフサイドの反則になります。

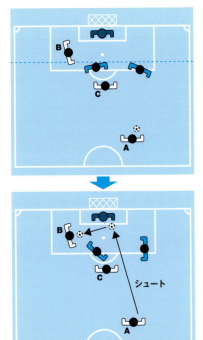

第4章●オフサイド

オフサイドになる！ならない？⑫

オフサイドポジションにいても利益を得ていないならOK

AがシュートしたときBはオフサイドポジションにいたが、ボールはGKから跳ね返って来て、オンサイドポジションにいたCが触れた。Bはボールに触れず、利益も得ていないので、オフサイドにはなりません。

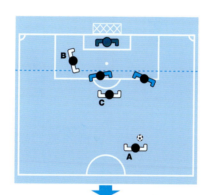

オフサイドになる！ならない？⑬

相手選手から跳ね返ったボールを
オフサイドポジションで触るとNG

Aがシュートし相手選手Cから跳ね返ってきたボールを、AがシュートしたときにすでにオフサイドポジションにいたBが触れたら、その位置（オフサイドポジション）にいて利益を得たことになり、オフサイドの反則となります。

※跳ね返りではなく、Cが意図的にプレーした結果、ボールがBのところにきたらBはオフサイドにはなりません。

第4章●オフサイド

オフサイドになる！ならない？⑭

次のプレーに移ってオンサイドになればOK

Bはオフサイドポジションにいたが、相手選手に干渉はしていない。Aが前方にパスし、オンサイドポジションにいたCがボールに向かって走り受け止め、斜め後方のBにパスした。ボールがパスされたとき、既に次のプレーに移っているので、Bはボールより後方でオンサイドポジションとなり、オフサイドの反則にはなりません。

うんちくコラム 3

なぜわかりにくいのか？！
～オフサイドの謎と秘密に迫る～

　オフサイドのルールは、よくわかりにくいと言われます。その一番の理由は、オフサイドの反則になる人が、自身の行為によって反則になるのではなく、周囲の状況から反則か否かの決定が下されるためだからと思われます。

　オフサイドポジションにいるだけでは反則にはなりませんが、そのポジションを有利に利用したと判断されたときはオフサイドと判定されてしまいます。待ち伏せの状態を禁止したルールではなく、待ち伏せプレーをすることを禁止したルールと言えます。

　ゴール前で待ち伏せしていれば、得点はしやすいですが、競技としてはつまらなくなります。実は、1863年にルールが統一され誕生したばかりのサッカーでは、「ボールより前にいる選手はアウトオブプレーとし、プレーに関与する事は出来ない」と定められていました。つまり、待ち伏せはもちろんのこと、前へパスすることも禁じられていたのです。

　イギリスでのイートン校とラグビー校のルールをめぐる対立（P.28参照）は、「手を使ってボールを運ぶことをめぐる是非」のみであって、「ボールより前にいる選手に対してパスを送ってはならない」とする考え方は、実は共通していました。もうお気づきの方もいると思いますが、この考え方は現在のラグビーのオフサイドルールとして引き継がれています。

　アウトオブプレーに関するルールは、3年後の1866年に大幅に見直され、ボールより前にいる選手に対しパスを出してもよいことになりました。ただし、ゴールラインとボールの間にはGKを含めて相手選手が3人いなければならず、これ以下の人数の場合オフサイドの反則が取られることになったのです（3人制オフサイド）。このボールを前に出してもよいとするルールは、同じフットボールを起源とするラグビーとの間に大きな違いを生み出しました。

　このため、それまで全員フォワード的な展開だったサッカーが、ディフェンスも含め、フィールドに分散して各自がその役割を果たす形態に変わっていったのです。そして、1925年、再度オフサイドに関するルールの見直しが行われ、3人の制約を2人にした2人制オフサイドのルールが生まれ、現在のオフサイドとなったのです。

　こうした歴史的経緯を理解すると、オフサイドも多少親しみやすくなるのではないでしょうか？

第5章

審判の仕事など

審判の用具

Point

1. 服装は黒色が基本、腕時計は２つ用意
2. コイン・ホイッスル・レッド＆イエローカードも必須
3. 副審はアシスタントフラッグが必要

解説

　審判の服装は黒色が基本ですが、選手のユニフォームと区別するために他の色の使用も認められています。笛や試合時間確認用とアディショナルタイム算出用（ストップウォッチ機能付き）の２つの腕時計の他、トス用のコイン、レッド・イエローカードに加え、鉛筆などの筆記用具と記録カードを持ちます。その他の審判用具として、空気圧計などがあり、審判手帳、審判証も試合に携行します。また副審は、主審に合図するためのアシスタントフラッグ（通常は赤色黄色の２色柄）を持ちます。Ｊリーグや国際試合では、バニシング・スプレー（ゴール前のFKのときに相手選手がボールから離れる距離〈9.15m〉を線で示す〈線は１〜２分後消える〉）や審判間のコミュニケーションのため無線通信システム（トランシーバー）を用いています。なお、第４の審判員は、選手交代・アディショナルタイム表示用ボードも用います。

審判の用具一覧

上段中央は（公財）日本サッカー協会の登録審判員を証するワッペン。左はFIFAのフェアープレー、右は（公財）日本サッカー協会の推進する「リスペクト（大切に思うこと）」プロジェクトのワッペン。中段は左から、グリーンカード、イエローカード、レッドカードのカード類、ボールの圧力を調べる空気圧計。下段は左から記録カードと鉛筆（2本）、トス専用のコイン、ホイッスル（2つ）、時計（2つ）。この他、バニシング・スプレーや無線通信システム。

主審

Point

1 任された試合で競技規則施行の一切の権限を持つ

2 違反に限らず、試合の停止・中断の権限も

3 主審の決定がプレーの最終的判断となる

解説

　試合は主審によってコントロールされ、主審は任命された試合において競技規則を施行する一切の権限を持っています。試合前のボールや選手の用具の確認に始まり、試合時間の管理・記録、負傷者への処置、反則かどうかの決定などの役割はもちろん、外部から妨害があった場合や落雷の危険があるときなどに試合を停止・中断したり、打ち切るかどうか（P.114参照）の判断をする権限も持っています。プレーに関する事実は主審の決定が最終的判断となり、これを覆すことはできません。なお、プレーを再開する前、または試合を終結する前であれば、主審みずからその決定が正しくないことに気づいたときや、主審の裁量により副審や第4の審判員の助言を採用したときに限り、決定を変えることができます。

第5章 ●審判の仕事など

主審の権限と任務

1. 競技規則を施行する。
2. 副審および第4の審判員がいる場合はそれらの審判員と協力して試合をコントロールする。
3. 使用するすべてのボールを確実に要件に適合させる。
4. 選手の用具を確実に要件に適合させる。
5. タイムキーパーを務め、また試合の記録を取る。
6. 競技規則のあらゆる違反に対して、主審の裁量により試合を停止し、一時的に中断し、または中止する。
7. 外部からのなんらかの妨害があった場合、試合を停止し、一時的に中断し、または中止する。
8. 選手が重傷を負ったと主審が判断した場合、試合を停止し、確実に負傷者をフィールドから退出させる。
9. 選手の負傷が軽いと主審が判断した場合、ボールがアウトオブプレーになるまでプレーを続けさせる。
10. 負傷によって出血した選手を確実にフィールドから離れさせる。
11. 反則をされたチームがアドバンテージによって利益を受けそうなときは、プレーを続けさせる。
12. 選手が同時に2つ以上の反則を犯した場合、より重大な反則を罰する。
13. 警告または退場となる反則を犯した選手に懲戒処置を取る。
14. 責任ある態度で行動しないチーム役員に対して処置を取り、さらに主審の裁量により、役員をフィールドおよびその周辺から立ち退かすことができる。
15. 主審が見ていなかった出来事に関しては、副審の助言によって行動する。
16. 認められていない者をフィールドに入らせない。
17. 試合を停止、また一時的に中断した後、その再開を合図する。
18. 関係機関に審判報告書を提出する。

アドバンテージ

Point

1 反則があってもプレーを続けさせるルール

2 主審は両手を前方に示し、「プレーオン」、「アドバンテージ」と言う

3 有利にならなかったら元に戻ってFKとすることもある

解説

　反則を受けた側が、FKをもらわずそのままプレーを続けた方が有利になると主審が判断した場合、試合を止めないことがあります。これを"アドバンテージを適用する"といい、主審は両手を肩幅より少し広く開き上前方に示し、「プレーオン」もしくは「アドバンテージ」と言って試合をそのまま続行します。例えば、足を引っ掛けられ倒されたが、こぼれたボールが味方に渡って有利になりそうといった場合です。なお、主審がアドバンテージを適用したのに、結果的に不利になるケースもありえます。その場合にはアドバンテージ適用後数秒以内に反則のあった地点に戻りFKをする"ロールバック"で対応することもあります。アドバンテージを適用しても、反則が悪質で警告や退場となる反則だった場合は、その後プレーが停止されたときに、反則を犯した選手にカードが示されます。

第5章 ● 審判の仕事など

アドバンテージのシグナル

アドバンテージを示す主審のシグナル。主審が反則を見逃したのではなく、アドバンテージを適用したことがはっきりとわかるように、両手を開いて大きく前方に示すと共に「プレーオン」または「アドバンテージ」と声でもプレーの続行を示します。

アドバンテージの判断時に考慮すべき状況

1. 反則の重大さ。違反が退場に値する場合、違反直後に得点の機会がない限り、主審はプレーを停止し、選手を退場させなければならない。
2. 反則が犯された場所。相手選手のゴールに近ければ近いほど、アドバンテージはより効果的になる。
3. 相手選手のゴールに向かって、素早く、また大きなチャンスとなる攻撃ができる機会にあるか。
4. 試合の状況。両チームの選手が興奮して試合が熱くなっている場合は、よほど大きなチャンスでない限り、FKとした方が良い。

負傷者

Point

1 主審は負傷が軽いと判断すれば試合続行

2 重症と判断すればプレーを停止する

3 負傷した選手の復帰は認められる

解説

　主審は、選手の負傷の程度が軽いと判断した場合、ボールがアウトオブプレーになるまでプレーを続行させますが、重傷と判断した場合はプレーを停止します。フィールド内での治療は認められません（重篤な負傷、GK、GKとぶつかったフィールドプレーヤー、同じチームの選手の衝突を除く）。主審は負傷者に質問し負傷の程度を判断したうえで、担架と一般的に1〜2名のチーム役員のフィールドへの入場を認めます。ファウルがなく主審がプレーを停止したときは、FKとせず、試合はドロップボール（P.32参照）により再開します。完全に止血しているなど、副審または第4の審判員によって復帰の準備ができていると確認されたならば、主審は負傷した選手に復帰を認めます。なお、負傷の対応により空費された時間は、前後半の最後に追加します。

第5章 ● 審判の仕事など

主審の負傷者対応手続き

1. 選手の負傷が軽いと判断した場合、ボールがアウトオブプレーになるまでプレーを続けさせる。
2. 選手が重傷を負っていると判断した場合、プレーを停止する。
3. 負傷した選手に質問をしたのち、選手の負傷程度を判断し、選手の安全を確保して迅速にフィールドから退出させるため、1名または最大2名のドクターのフィールドへの入場を認める。
4. 担架搬送者は、負傷者を担架で搬出した方が良いとドクターが判断した後、主審の指示を受けフィールド内に入り、負傷者を搬出する。
5. 負傷した選手をフィールドから安全に退出できるようにする。
6. 選手は、フィールド内で治療を受けることができない。
GKの負傷、脳しんとう、骨折などの重傷の場合は、この限りではない。
7. 負傷により出血している選手は、フィールドから離れなければならない。
8. 主審がドクターのフィールドへの入場を認めたときは、選手は担架に乗って、または歩いて、すぐさまフィールドから離れなければならない。
9. 負傷した選手は、試合が再開されたのち、フィールドに復帰することができる。
10. ボールがインプレー中、負傷した選手はタッチラインからフィールドに復帰する。
11. 主審のみが負傷した選手のフィールドへの復帰を認めることができる。
12. 副審または第4の審判員によって復帰の準備ができていると確認されたならば、負傷した選手に復帰の承認を与える。
13. プレーが停止されたときにボールがあった場所でドロップボールにより再開する。
14. 負傷者の対応により空費された時間を前後半のアディショナルタイムに加える。

落雷事故防止

Point

1. 落雷の予兆時は試合を中止し避難する
2. 選手の安全確保を最優先事項とする
3. 活動中止の決定権限者を事前に特定する

解説

　（公財）日本サッカー協会では、2006年に「サッカー活動中の落雷事故の防止対策についての指針」を発表しました。落雷の予兆時は試合を中止し避難するなど、選手の安全確保は最優先事項です。（公財）日本サッカー協会の競技規則上は、試合の中止は主審の決定事項になっていますが、主審が雷鳴に気づかなかったり、ユース審判員などで必ずしも自らの判断で中止することが難しい場合もあります。そこで、事前に当日の天気予報や避難場所を確認するとともに、活動中止の決定権限を持つ者を特定し、中止決定の際の連絡フローも決定しておくことが推奨されます。

第5章 ● 審判の仕事など

落雷発生時の対応のために必要なこと

1. 大会開始前
情報収集し対応策を決定・確認する
- 落雷の可能性が高くなったときは、絶えず詳細な天気情報を収集し、関係者でその情報の共有を図る。
- 事前に避難場所の確認をする。
- 中断・中止を想定して決定責任者（試合開始後は規則上は審判）・決定手順・伝達方法・連絡先など確認しておく。
- ユース審判員など中断・中止の権限を持てない場合は、大会関係者からの伝達方法なども決定しておく。
- 中止になった場合の予備日ほか対応を決定・確認しておく。

2. 大会開始後（落雷発生時）
関係者で集まり対応の検討を行う

A. 試合開始遅延
- 短時間に状況が好転しそうな場合も、安全を最優先して、遅延の対応を含めて慎重に検討する。

B. 試合中断
- 危険と判断した場合は、躊躇なく中断する。
- 勧告が必要な場合、事前に確認した方法で審判にも伝達する。

C. 試合中止
- 危険な状況が継続し好転が見込めない場合は、躊躇なく中止する。
- 大会関係者との連携を密に保ち、事前に決めた手順で伝達・確認する。

D. 試合再開
- 収集した情報をもとに危険性がなくなると判断された場合は、速やかに試合を再開する。

3. 事後対応
試合成立は事前に大会関係者で規定しておく

A. 試合成立
- 中止され、再開が不可能とされる場合は、原則として再試合を行う。
- 施設や日程の都合で再試合が不可能な場合、関係者の了解を前提に試合を成立させたり勝敗を決定してもよい。

B. 再試合または残り時間の消化
- 再試合が可能な場合は、速やかに関係者で決定する。
- 再試合は同一、他会場にとらわれずに実施する。
- 状況により、別の日程で残り時間を消化し、試合を成立させてよい。

主審のシグナル

Point

1 直接 FK は
片腕で蹴るチームの攻撃方向を示す

2 間接 FK は方向指示後、片腕を真上に上げる

3 笛はキックオフ・FK・PK・試合の開始・
中断・中止・再開・終了時に吹く

解説

　直接 FK の場合、主審は笛を吹き、片腕でキックするチームの攻撃方向を示します。間接 FK の場合は、同様に笛を吹き攻撃方向を示した後、その腕を真上にまっすぐ上げます。腕は、FK が行われ、ボールが他の選手に触れるか、アウトオブプレーになるまで上げ続けます。ゴールキックはゴールエリアの方向を、コーナーキックはコーナーアークの方向を、PK はペナルティーマークを指し示します。イエローカード、レッドカードを示す場合、警告、退場を命じる選手に正対しカードを頭上に掲げます。主審がいつ笛を吹くかは競技規則に規定はなく、審判員のためのガイドラインでは、FK、PK、試合の開始・中断・中止・再開・終了時と決められています。ゴールキック、コーナーキック、スローイン時、FK による再開時や得点時は、それがはっきりしている場合は吹きません（はっきりとせず、プレーを停止することが必要な場合は、笛を吹きます）。得点時はセンターマークを指し示します。

第5章 ● 審判の仕事など

直接FK
笛を吹いた後、キックするチームの攻撃方向を指し示します。

間接FK
笛を吹き、キックするチームの攻撃方向を指し示した後、片腕を頭上に上げます。腕は、FKが行われ、ボールが他の選手に触れるかアウトオブプレーになるまで上げ続けます。

スローイン
ボールがタッチラインを越えたとき、スローインを行うチームの攻撃方向を指し示します。

ゴールキック
ゴールエリアの方向を指し示します。

コーナーキック
キックの行われるコーナーアークの方向を指し示します。

PK
ペナルティーマークを指し示します。

副審

Point

1	主審を援助し試合運営全般も援助
2	フィールドの両サイドに各1人ずつ。2人の順位は決めておく
3	ボールがラインから出たかどうか、オフサイド、反則などを合図

解説

　副審は、フィールドの両サイドに各1人計2人配置され、主審を援助し、主審の指示で試合運営全般も援助します。試合中は合図を送るだけで決定は主審の任務となります。①ボールの全体がフィールドの外に出た時②どちらのチームがコーナーキック・ゴールキック・スローインを行うのか示す時③オフサイドの反則があった時④選手の交代が要求された⑤主審に見えなかった不正行為などが起きた時⑥反則が主審より副審に、よりはっきりと見えた時⑦PKでボールが蹴られる前にGKがゴールラインを離れたか、またボールがゴールラインを越えたか示す時、の7つのケースで合図をします。なお、副審は主審が職務続行できない場合、代わって主審を務めるため、事前にどちらが主審を務めるのか決めておきます。第4の審判員がいる場合は、第4の審判員が主審を務める場合もあります。

第 5 章 ● 審判の仕事など

副審の任務

1. 次のとき主審に合図（シグナル）を送る。
   ① ボールの全体がフィールドの外に出た時。
   ② どちらのチームがコーナーキック、ゴールキックまたはスローインを行うのか示す時。
   ③ 選手がオフサイドポジションにいることによって罰せられる時。
   ④ 選手の交代が要求されている時。
   ⑤ 主審に見えなかった不正行為やその他の出来事が起きた時。
   ⑥ 反則が起き、主審より副審がよりはっきりと見える時はいつでも（特定の状況下で反則がペナルティーエリア内で起きた時を含む）。
   ⑦ PKの時、ボールが蹴られる前にGKがゴールラインを離れたかどうか、またボールがゴールラインを越えたかどうか示す時。

2. 主審が競技規則に従って試合をコントロールすることを援助。とくに、9.15 m（10ヤード）の距離をコントロールする援助を行うために、フィールドに入る。副審に近い場所でFKが行われ、守備のための壁が作られる場合、主審が遠いところから走ってきて壁をコントロールするのではなく、副審がフィールド内に入って壁をしっかりと9.15m離すようにする。これによってスムーズな試合進行が保てる。

3. 主審の要請や指示によりその他試合運営にかかわるすべての事項について援助する。例えば、
   ① フィールド、使用されるボールおよび選手の用具を検査する。
   ② 用具や出血の問題が解決されたかどうか判断する。
   ③ 交代の手続きを監視する。
   ④ 時間、得点および不正行為の記録を取る。

副審のシグナル①

Point

1 違反時は、旗を真上にまっすぐ上げ左右に振る

2 オフサイドの際にはその後の
FKの位置を旗で示す

3 交代時は旗の両端を持ち頭上で水平に示す

解説

　違反があったときは、副審は旗を真上にまっすぐ上げ、主審とアイコンタクトを取りつつ旗を小さく左右に振ります。そして、主審の笛の後、キックする側の攻撃方向を旗で示します。オフサイドの場合は旗を真上にまっすぐ上げた後、FKの位置を旗で示します。オフサイドの反則をした位置が副審の位置からフィールドの遠い側であるときは、旗を斜め上に上げ、近い側であるときは斜め下に示します。フィールドの中央付近で起きたときは、旗を水平に示します。なお、選手交代で交代要員がライン外で待機している場合、両副審はボールがアウトオブプレーになったときに、旗の両端を持ち頭上で水平に示して、主審に選手の交代があることを知らせます。

第5章 ● 審判の仕事など

オフサイド
まず、右手で旗を真上に上げて、主審にオフサイドの反則があることを知らせます。

中央付近のオフサイド
主審が笛を吹いたら、オフサイドの位置がフィールドの中央付近の場合は、このように旗を水平に示します。

遠くのオフサイド
オフサイドの位置が自分から遠い場合は、主審が笛を吹いたら、このように旗を斜め上に示します。

近くのオフサイド
主審が笛を吹いたら、オフサイドの位置が自分から近い場合は、このように旗を斜め下に示します。

交代
両手で旗を持って頭上で水平に示します。交代要員がライン外で待機しているとき、ボールがアウトオブプレーになったタイミングで主審にこのシグナルを送ります。

守備側のファウル
ペナルティーエリア外で守備側のファウルがあったとき、主審とアイコンタクトを取りつつ、右手で旗を上げ左右に振ります。

守備側のファウルのときの方向指示
主審とアイコンタクトを取りつつ、笛と同時に右手で旗を斜め上に指し示します。

攻撃側のファウル
ペナルティーエリア外で攻撃側のファウルがあったとき、主審とアイコンタクトを取りつつ、左手で旗を上げ左右に振ります。

攻撃側のファウルのときの方向指示
主審とアイコンタクトを取りつつ、笛と同時に左手で旗を斜め上に指し示します。

副審のシグナル②

Point

1 スローイン時はスローインする
チームの攻撃方向を旗で示す

2 ゴールキック時は
ゴールの方向を旗で示す

3 コーナーキック時は
近い側のコーナーアークを旗で示す

解説

スローインのときは、ボールが明らかにラインを越えた場合、直接スローインを行うチームの攻撃方向に旗を斜めに倒します。ボールがタッチラインを越えた後再びフィールド内に入るなどの場合は、まず旗を真上にまっすぐ上げ、その後、方向を示します。ゴールキックのときは、ゴールエリアの方向を旗で示し、コーナーキックのときは、コーナーアークを旗で示します。コーナーキックの場合、どちら側から蹴るキックでも、示すのは自分の側のコーナーアークです。ボールがゴールラインを越えたのにインプレーに見えるときなど、ボールがラインを越えたことを示す必要がある場合は、スローインと同様、これらの合図の前に旗を真上に上げます。なお、主審と副審は、合図を出したときには、お互いアイコンタクトを欠かさないことが、スムーズな進行のためには大切です。

対角線式審判法

Point

1 主審はフィールドの対角線に沿って動く

2 2人の副審はフィールド両サイドの
タッチラインの半分を担当

3 副審は原則として
1チームの陣地のみを監視する

解説

　主審・副審の3人の審判にとって、もっとも合理的な動き方として採用されている方法です。主審はフィールドのひとつの対角線に沿って動き、副審は、相対する両サイドのタッチラインの半分を担当します。それぞれのハーフを監視します。こうすることで、主審と副審でプレーをはさみ、異なる角度から監視でき、より正しい判定がしやすくなります。また、どの場面でも、3人のうち誰かが比較的近くで監視できるため無駄な動きも少なくて済みます。なお、試合中のPKが行われるときは、キックが行われるエンドにいる副審がゴールラインとペナルティーエリアのラインの交点付近に位置し、キーパーの前進などを監視します。

第5章 ● 審判の仕事など

アディショナルタイム表示

アディショナルタイム表示をする第4の審判員。
アディショナルタイムの詳細は、P.26を参照。

こぼれ話
追加副審～ゴールジャッジもするレフェリー

通常試合は、主審、2人の副審、第4の審判員で運営されますが、副審が職務続行不可能な場合にその代わりを務める第5の審判員という制度が2006年ワールドカップ・ドイツ大会で採用されました。これは、現在「リザーブ副審」として競技規則の中に入ってきましたが、国内の大会では指名されていません。一方、ボールがゴールに入ったかどうか、ペナルティーエリア内でのプレーがファウルかどうか判断し主審を援助する追加副審を両ゴールの脇に配置することも可能となりました（ヨーロッパのメジャーな大会などで配置されています）。

第4の審判員

Point

1. 競技会の規定で任命することができる
2. 主審や副審が見えないフィールド内外の出来事について、常に主審を援助
3. 選手交代とその用具確認・ボール交換などに対応

解説

　第4の審判員は、競技会規定に基づいて任命されます。3名の審判の誰かが職務続行不可能となった場合、その職務を代行します。ただし、主審の代行をするのは第4の審判員なのか副審（No.1）なのか、試合前に優先順位を明確にしておきます。第4の審判員はその他、主審や副審が試合に集中できる環境をつくるため、主にフィールド外の問題に対応します。具体的には、チームベンチの管理、選手の交代手続きの援助（交代要員の用具の点検など）、ボールの交換の管理のみならず、主審・副審に見えなかった乱暴な行為、警告に値する行為について主審に知らせることです。また、第4の審判員は主審からの指示に従い、前後半終了間近に、ハーフウェーラインとタッチラインの交点付近から、交代ボードを使ってアディショナルタイムを示します。

第5章●審判の仕事など

スローイン
ボールがタッチラインを越えたとき、スローインを行うチームの攻撃方向を示します。ボールがタッチラインを越えたことをはっきり示す必要があるときは、このシグナルの前に旗を真上に上げます。

コーナーキック
どちらから蹴るコーナーキックであっても、自分の側のコーナーアークを旗で指し示します。ボールがラインを越えたことをはっきり示す必要があるときは、このシグナルの前に旗を真上に上げます。

ゴールキック
ゴールの方向を旗で指し示します。

> **こぼれ話**
> ### レフェリー無線通信システムって何？
> Jリーグや国際試合では、審判団がトランシーバーを用いて交信しています。無線で話すことによって、オフサイド、主審の視野外でのファウル、スローイン、コーナーキックの確認、選手交代の通知、FK時の監視の分担などを行います。この他、副審が旗にあるボタンを押すことで、主審の腕に着用されている受信機が音と振動で知らせる「シグナルビープ」も主審・副審間の有効的なコミュニケーションの方法として用いられています。

第5章●審判の仕事など

対角線式審判法の動き方

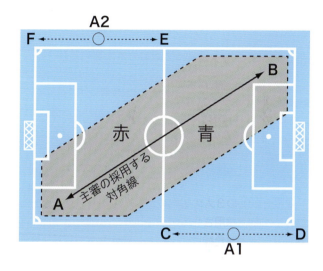

主審は、A−B間の仮想の対角線に沿って幅広く動きます。副審A1はC〜D、副審A2はE〜Fのように動き、主審と選手のプレーをはさむようにして監視します。A1は赤チームの、A2は青チームの攻撃を受け持ち、原則としてオフサイドライン（P.85参照）に応じて動き、オフサイドを監視します。副審はそれぞれのハーフを監視するため、原則、もう一方のハーフに行くことはありません。なお、コーナーキックが行われるときは、ゴールラインの延長上でコーナーフラッグポストの後方に位置します。自分から遠い側のコーナーキックの場合、より良い視野を確保するため、フラッグの前に立つこともできます。

審判の資格

Point

1. 毎年 FIFA によって認められた審判員が国際サッカー審判員
2. サッカー登録審判員は 1 ～ 4 級、女子 1 級に分かれる
3. Ｊリーグ担当審判員と国際審判員は 1 級から推薦

解説

　サッカーの審判を行うためには、（公財）日本サッカー協会の審判の資格を取得し、登録する必要があります。サッカー審判員の資格は、（公財）日本サッカー協会審判委員会が策定したカリキュラムに則った審判員資格認定講習会を受講し認定されます。資格の種類には、1 ～ 4 級審判員（いずれも上位資格の受験には下位資格の取得が必須）のほか、（公財）日本サッカー協会主催の女子大会の主審ができる女子 1 級審判員があります。また、1 級審判員の中から J リーグの審判ができる J リーグ担当審判員、国際試合で審判ができる国際審判員が指名されます。J リーグ担当審判員（1 部、2 部）と国際審判員は、その適正により、主審担当と副審担当とに分かれています。

日本のサッカー審判員資格

4級審判員
　認定する協会：各都道府県サッカー協会（年に数回の講習会にて）。
　受験資格：満12歳以上で心身ともに、健康な者。4級審判員認定講習会を受講することにより取得できる。

3級審判員
　認定する協会：各都道府県サッカー協会（年に数回の審査）。
　受験資格：4級取得者で一定の実績のある満15歳以上の者。審査内容は、筆記テスト、体力テスト及び実技テスト（4級審判員としての実績により免除がある）。

2級審判員
　認定する協会：各地域サッカー協会（年に数回の審査）。
　受験資格：3級取得後一定の実績を積んだ者。各都道府県サッカー協会の推薦が必要。

女子1級審判員
　認定する協会：(公財) 日本サッカー協会（1年を通じた審査）。
　受験資格：2級取得後一定の実績のある女性審判員。各地域サッカー協会の推薦が必要。

1級審判員
　認定する協会：(公財) 日本サッカー協会（原則として、レフェリーカレッジなどを除き、1年を通じた審査が地域協会で行われる）。
　受験資格：2級取得後、一定の実績のある者（男女は問わず）。各地域サッカー協会の推薦が必要。

Jリーグ担当審判員（主審・副審）
　選考資格：実績により1級審判員の中から指名（半年毎に見直される）。J1の主審、副審、J2の主審、副審、J3の主審（主審、副審を担当）の5カテゴリーに分かれる。J3の副審2と第4の審判員は2級審判員が担当する。

国際審判員（主審・副審）
　選考資格：1級、女子1級審判員の中から実績により推薦（毎年）。初めての登録は37歳までで、45歳の定年は撤廃された。

チーム登録種別と
リーグ構成

Point

1 年代別に第1～4種に区分される

2 女子は年齢区分なし・シニアは40歳以上

3 Ｊリーグは、第1種のプロフェッショナルリーグ

解説

　チーム登録種別とは、（公財）日本サッカー協会によって年代別・性別に区分されたサッカーチームの分類のことです。同協会や傘下の協会が主催する大会に出場するチームは、チーム単位で加盟登録をする必要があり、この登録種別により出場できる大会が決まります。年齢制限のない第1種（一般・大学）、18歳未満（U－18）の第2種（高校生年代）、15歳未満（U－15）の第3種（中学生年代）、12歳未満（U－12）の第4種（小学生年代）、12歳以上で年齢区分のない女子、40歳以上のシニアの6種別です。なお、第1種は実力別にピラミッド構造となっています。頂点は、Ｊリーグの1部リーグ、その下にＪリーグの2部、3部があります。全国リーグのＪＦＬにはプロとアマチュアが混在しています。ＪＦＬの下は日本全国を9つに分けた地域リーグ。そして、その下に都道府県社会人リーグがあります。

第5章 ● 審判の仕事など

日本のサッカーチーム登録

第1種	年齢に関する制限のないチーム。一般には男子のプロチーム、アマチュア一般社会人チーム（実業団チーム、クラブチーム、学生・社会人の混合チームなど）、大学チーム、専門学校チームなどがこれに該当します。登録チームへの所属選手の条件を限定する規定はありませんが、社会人のリーグと学生関係の大会では、参加条件や連盟へのチーム登録条件は別の規定があります。Jリーグ、JFL、地域リーグ、都道府県リーグ、大学サッカーリーグなどがあります。
第2種	18歳未満の選手で構成されるチーム。ただし高等学校在学中の選手に対しては、この年齢制限の適用除外となるため、一般に男子高校生年代のチームと認識されています。高校のサッカー部が出場する全国高等学校サッカー選手権大会、インターハイ、地域クラブチームのユース組織による日本クラブユースサッカー選手権 (U-18) 大会などがあります。
第3種	15歳未満の選手で構成されるチーム。中学校在学中の選手は制限の適用除外であるため、一般には男子の中学生年代のチームと認識されています。2000年度から第3種チームに女子選手の登録が認められるようになりました。中学校のサッカー部が出場する全国中学校サッカー選手権大会、クラブチーム対象の日本クラブユースサッカー選手権 (U-15) 大会などがあります。
第4種	男女に関係なく、12歳未満の選手で構成されるチーム。小学校在学中の選手は制限の適用除外。全日本少年サッカー大会が代表的な競技会です（女子小学生年代のチーム/選手）も参加可能です。
女子	女子選手で構成されるチーム。第5種と呼ばれることもあります。規約上、年齢に関する制限はありません。日本女子サッカーリーグ(なでしこリーグ)が代表的競技会です。また、男子と同じように年代別大会も行われています。
シニア	40歳以上の選手で構成されるチーム。体力のピーク時期を超えた年代が引き続きサッカーを楽しむことができるよう、2000年度に新たに設置された区分です。

8人制サッカー

Point

1. 通常のフィールドの半分の大きさを推奨
2. 前後半 10 〜 15 分でハーフタイムは 5 分
3. オフサイドも含め主審 1 人で審判することも可能

解説

　少人数サッカーは、海外ではジュニア指導の有力な方法として実践されてきましたが、日本でも、小学生年代の子どもたちが、多くの回数ボールに触れ、日常的に楽しく上達できることを主眼に 8 人制サッカーが推進されることになりました。8 人制サッカーでのリーグ戦がこれまで以上に行われることになると思われます。フィールドの大きさは大人のものの半分（68 × 50m）が推奨され、それに応じて右ページの通り、各エリアのサイズも小さくなっています（右図参照）。相手選手は、FK などはボールから 7 m 以上、スローインは 2 m 以上離れます。試合時間は前後半各 10 〜 15 分、ハーフタイムは 5 分を原則としています。延長戦を行う場合は前後半 3 分ずつで、PK 戦の場合は、5 本ずつではなく 3 本ずつで決着をつけます。なお、交代ゾーンを用いての自由な交代やオフサイドを含め主審 1 人で審判することができる点も大きな違いです。

第5章 ● 審判の仕事など

8人制サッカーのフィールド図

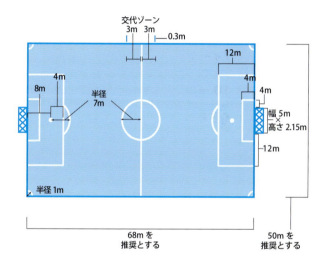

その他の代表的ルール

- フィールドの表面は芝・人工芝が望ましいが、土などでも可能とする。
- 交代要員は4～6人。交代ゾーンを使って自由な交代が認められている。
- キックオフから直接相手のゴールに入った場合、相手にゴールキックが与えられる。

※その他、小学生年代の育成を意識したものになっています。

サッカー伝来から
今日のワールドカップに至るまで
～日本サッカーの歩み～

　日本へのサッカー伝来は、1872年に神戸の外国人居留地での試合、1873年に東京築地の海軍兵学寮で英国海軍少佐の紹介によるものなど、諸説あります。記録では1888年の神戸と横浜のクラブで行われたものが日本最古の公式試合です。

　また、最初に神戸の師範学校で取り入れられたことが、関西がサッカー先進地となったきっかけです。師範学校同士の交流を通じ他の地域の師範学校にも取り入れられ、全国に広がる役割を果たしました。1921年には大日本蹴球協会（1974年に現在の日本サッカー協会に）が設立され、1929年には国際サッカー連盟（FIFA）に加盟します。第二次大戦時は一時脱退しましたが1950年には再加盟し、1954年のスイス大会で初めてワールドカップ（以下W杯）予選に参加。もっともその頃はアマチュアリズム全盛で、オリンピック（以下五輪）に重点が置かれていました。1968年メキシコ五輪で銅メダルを獲得。W杯の関心も高まり、以後継続的に予選に参加。1986年メキシコ大会予選では、本大会出場まであと一歩に迫りました。

　1992年にJリーグが発足。初の外国人監督ハンス・オフトも招聘し、W杯本大会初出場への挑戦が本格化しました。しかし、1994年米国大会アジア最終予選では、イラクとの対戦でロスタイムに同点に追いつかれ、本大会出場権を逃しました。いわゆる「ドーハの悲劇」です。1996年に日韓共催のW杯が決定。1998年フランス大会予選では、プレーオフでイランを破り、10回目の挑戦にして悲願の本大会出場を果たしたのです。2002年日韓大会は、開催国のため予選免除での出場でしたが、初のベスト16という成績を残し、地元開催のW杯を終えました。以後、5大会連続で本大会出場を果し、2006年ドイツ大会と2014年ブラジル大会は、グループリーグ最下位で終わりましたが、2010年南アフリカ大会では、日韓大会時と同じくベスト16の成績を残しています。

　日本女子代表は、女子W杯全7回、五輪には5大会中4回に出場する強豪。2008年の佐々木則夫監督就任以降は、2011年の女子W杯で米国を下して初優勝。2012年ロンドン五輪準優勝の成績を残しています。2015年のW杯決勝では、五輪決勝の雪辱を果すべく米国と対戦しましたが、惜しくも準優勝となりました。

第6章
フットサルのルール

サッカーとの違い

Point

1 世界的に人気の5人制サッカー

2 スローインではなくキックインで試合開始

3 ボールがインプレー中でも選手交代が自由

解説

サッカーは世界で最も愛されているスポーツです。芝のフィールドで22人の選手がプレーするだけではなく、体育館、公園、ストリートなどでは少人数でも楽しまれています。1988年FIFAは、世界各地でプレーされるさまざまなミニサッカーを統一し、1994年にその名称を"Futsal（フットサル）"としました。

　フットサルは、小さなピッチでプレーするため、人数・時間・サイズ以外にもサッカーといくつかの違いがあります。例えば、ボールがタッチラインを越えたときは、スローインではなく、ボールを蹴り入れるキックインで試合を再開。ゴールキックもなく、GKが手で投げるゴールクリアランスでプレーを再開します。オフサイドはなく、チーム毎に累積ファウルを記録したり、ボールがインプレー中でも、審判の承認なく何人でも何回でも自由に交代ができたりするのも特徴です。

フットサルとサッカーの主な違い一覧

項　目	フットサル	サッカー
競技者	5人	11人
フィールド（ピッチ）の大きさ	20×40m（38〜42m）	68×105m（90〜120m×45〜90m）
ピッチの表面	木・人工の表面	芝、人工芝
ピッチ上の広告	認められる	認められない
ゴールのサイズ	2m×3m	2.44m×7.32m
ボールの種類	4号球 ローバウンド	5号球
靴	体育館用シューズまたはトレーニングシューズ	スパイク
試合時間	20分ハーフ（プレーイングタイム）	45分ハーフ（ランニングタイム）
時間管理(タイムキーピング)	タイムキーパーが計測	主審が計測
タイムアウト	各チーム前後半に各1回1分間可能	なし
審判	主審1人・第2審判（2人とも笛を吹く）・第3の審判員・タイムキーパー	主審1人・副審2人・第4の審判員（主審のみ笛を吹く）
プレーの再開	キックイン・ゴールクリアランス、コーナーキック、FKなど	スローイン・ゴールキック、コーナーキック、FKなど
オフサイド	なし	あり
累積ファウル	あり	なし
交代	ボールインプレー中でもキーパーも含め交代可能	アウトオブプレー時に審判の承認を得て行う
交代要員	最大9人	3〜7人
PK戦時の他の選手の位置	反対側のハーフ	センターサークル内
PK戦の参加資格	すべての選手と交代要員に参加資格あり	試合終了時にフィールドにいた選手のみ（PK戦時のGK負傷時を除く）
PK戦のキックの数	4人目/チームからサドンデス	6人目/チームからサドンデス

ピッチとボール

Point

1	一般的には 40m × 20m でサッカーの約 1/9 の面積
2	ゴールは幅 3 m × 高さ 2 m × 奥行 1 m ゴールエリアはなし
3	ボールはサッカーの 4 号球と同じ大きさでローバウンド

解説

　フットサルでは、フィールドのことをピッチと言います（コートと呼ばれることもあります）。タッチラインは 25 〜 42m、ゴールラインは 16 〜 25m で、タッチラインの方が長い長方形です。国際試合の場合は、38 〜 42m×18 〜 25m で、国際試合の標準は 40m×20m です。ラインの幅は 8 cm と定められています。ゴールは幅 3 m × 高さ 2 m × 奥行 1 m（下部）80cm（上部）で、ゴールポスト・クロスバーの厚さは、ラインと同じ 8 cm です。ペナルティーエリアは、ゴールポストの外側を中心に半径 6 m の四分円をピッチ内に描き、その先端を結びます。ゴールエリアはありません。ボールは、球形で外周が 62 〜 64cm（直径換算で約 20cm）、重さは、試合開始前に 400 〜 440 g で、サッカーボールよりはずみにくく（2 m の高さから落として最初のバウンドが 50 〜 65 ｃｍ）、空気圧は、常に 0.6 〜 0.9 気圧の範囲内でなければなりません。

第6章 ● フットサルのルール

フットサルのピッチ図

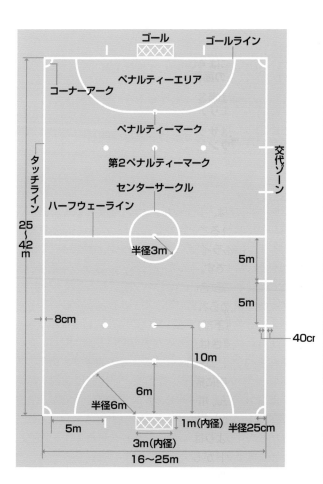

選手の数と用具

Point

1 5人の選手で開始し1人はGK

2 交代要員は最大9人までで回数制限はない

3 用具の規定はサッカーとほぼ同じ

解説

　フットサルは、両チームとも5人の選手で試合を始め、退場などによりGKを含め2人になったら、試合は放棄されます。GKは、他のどの選手とも入れ替わることができますが、交代して入ったキーパーは自分の背番号のついた他の選手と異なる色のシャツを着る必要があります。交代要員は最大9人までで、ボールがインプレー中でも審判の承認なく交代でき、交代の回数に制限はありません。一度交代で退いた選手が再度交代要員となり、他の選手と交代してピッチに戻ることもできます。用具の規定はサッカーとほぼ同じですが、競技時に使用する靴は「キャンバスまたは柔らかい皮革製で、靴底がゴムまたは類似の材質のトレーニングシューズまたは体育館用シューズのタイプのみが許される」と規定されています。スパイクは不可。

第6章●フットサルのルール

選手の交代の仕方

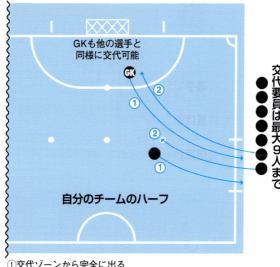

①交代ゾーンから完全に出る
②その後交代ゾーンから交代要員が入る
※交代は回数制限なし。一度交代で退いた選手が再度交代してピッチに戻ってもよい。

チェック
自由な交代のやり方

交代は、ボールがインプレー中でもアウトオブプレー中でも行えます（自由な交代）。交代ゾーンを用い、交代して出る選手が、ピッチに入る選手からビブスの手渡しを受け、タッチラインを越えて完全にピッチ外に出ます。そして、交代して入る選手がピッチ内に入ることで交代は完了します。ビブスは投げたり、落として、渡すことはできません。

＊ビブス＝ベスト状のもので、選手との区別をつけるために交代要員がユニホームの上に着ます。

選手のポジション

Point

1. ポジションは一般的にポルトガル語で呼ばれる
2. 主にゴレイロ、フィクソ、アラ、ピヴォの4人で陣型を組む
3. ゴレイロ（GK）も攻撃に加わる

解説

　FIFAなどの世界大会ではフィールドプレーヤー（FP）とGKと英語で表記されますが、日本ではフットサルのポジションがポルトガル語で呼ばれることがあります。ゴレイロ（GOLEIRO）はGKですが、積極的に攻撃に参加し、パス回しに参加するだけでなく、シュートをすることもあります。フィクソ（FIXO)はサッカーでは最も後方に位置するディフェンダーに当たり（ボランチ的な役割も果たします）、ベッキ（BEQUE）とも言います。アラ（ALA）は「サイド」という意味で、実際にピッチのサイドでプレーすることが多く、サッカーではミッドフィルダーにあたります。右サイドの選手はアラ・ジレイト（ALA DIREITO）、左サイドの選手はアラ・エスケルド（ALA ESQUERDO）と言います。ピヴォ（PIVO）は「軸、中心」という意味で、前方で味方からくさびのパスを受けたり、ゴール前で積極的に攻撃します。

第6章●フットサルのルール

選手のポジション図

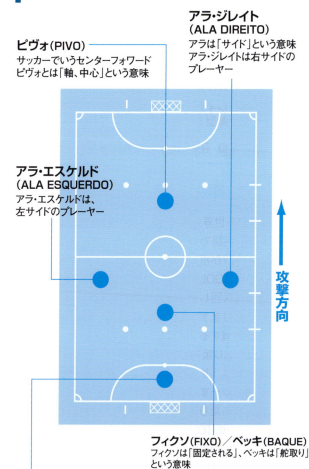

ピヴォ（PIVO）
サッカーでいうセンターフォワード
ピヴォとは「軸、中心」という意味

アラ・ジレイト（ALA DIREITO）
アラは「サイド」という意味
アラ・ジレイトは右サイドのプレーヤー

アラ・エスケルド（ALA ESQUERDO）
アラ・エスケルドは、左サイドのプレーヤー

フィクソ（FIXO）／ベッキ（BAQUE）
フィクソは「固定される」、ベッキは「舵取り」という意味

ゴレイロ（GOLEIRO）
ポルトガル語でGKの意

攻撃方向

143

試合時間とプレーの開始・再開

Point

1 前後半それぞれプレーイングタイムは20分、インターバルは15分以内

2 タイムアウトは前後半、各チーム1回まで

3 キックオフ時、相手チームは3m以上離れる

解説

　試合は、前後半それぞれプレーイングタイムの20分ずつで行われ、ハーフタイムのインターバルは15分以内と決められています。延長戦は5分ハーフで行われます。キックオフのときは、相手チームはボールがインプレーになるまで3m以上ボールから離れていなければなりません（センターサークルには入れない）。戦術確認や水分補給のために、各チーム前後半1回タイムアウトを取れますが、チーム役員が、タイムキーパーにタイムアウトを要求後、キックインなどでボールがアウトオブプレーになった時、そのチームがボールを保持しているときに与えられます。タイムアウトは、タイムキーパーブザーなど主審や第2審判と異なった音色の音で合図します。タイムアウト時は、役員はピッチに入ることはできません。選手の交代は、タイムアウト終了時に行えます。ちなみに、延長戦のときは、タイムアウトは取れません。

第6章●フットサルのルール

試合時間の流れ

| 前半 20分 | ハーフタイム 15分以内 | 後半 20分 | 延長戦前半 5分か3分 | 延長戦後半 5分か3分 |

タイムアウト
前半1回1分

タイムアウト
後半1回1分

延長戦に入る前には数分間のインターバルを取るのが一般的。延長戦ハーフのハーフタイムは取らない。

※延長戦の試合時間は大会規定で決定する。
※タイムキーパーがプレーイングタイムを計測する。
※前半にタイムアウトを取らなくても、後半に取れるタイムアウトは1回のみ。
※延長戦ではタイムアウトは取れない。

チェック
ドロップボール

ボールがインプレー中、競技規則にない理由で試合を一時的に停止したとき、主審・第2審判がボールをドロップして試合を再開します。ドロップしたボールがピッチに触れた瞬間にプレー再開。ピッチに触れる前に選手に触れるか、選手に触れずにピッチ外に出たときは、やり直しです。ボールが蹴られてそのままゴールに入った場合は得点にはならず、ボールを蹴った選手が攻撃側の選手であればゴールクリアランス、守備側の選手であればコーナーキック。ボールが複数回触れられゴールに入った場合は得点です。

キックイン・ゴールクリアランス・コーナーキック

Point

1	スローインの代わりに キックイン（ボールを蹴って）で試合再開
2	ゴールキックではなく、 GK が手で投げて試合再開
3	コーナーキックも 4秒以内に行わなければならない

解説

　フットサルでは、ボールがタッチラインを越えたとき、手で投げるスローインの代わりに、ボールを蹴って試合を再開します（キックイン）。ゴールラインを越えたらゴールキックの代わりに、GK が手で投げるゴールクリアランスで試合再開します。これに加え4秒ルールの存在も大きな特徴です。キックイン・ゴールクリアランス・FK・コーナーキックのすべてを、ボールが蹴られる状態になってから4秒以内に行わなければなりません。これに違反すると、キックインの場合は相手のキックイン、ゴールクリアランスや FK の場合は相手の間接 FK、コーナーの場合は相手のゴールクリアランスになります。なお、キックインやコーナーキック、FK の場合、相手選手は5 m以上離れなければなりません。

第6章●フットサルのルール

キックイン・ゴールクリアランス・コーナーキック時の選手の位置

コーナーキック
必ず4秒以内に蹴る

5m

ゴールクリアランス
必ずGKが
ペナルティーエリア内から
4秒以内に投げる

相手選手は必ず
ペナルティーエリア外に
いなければならない

相手選手は必ず
5m以上離れる

キックイン
必ず4秒以内に蹴る

5m

147

ボールインプレー・ボールアウトオブプレーと得点・勝敗

Point

1 ボールはゴールポストや審判に当たってもインプレー

2 ボールが天井に当たったら相手のキックイン

3 手で投げて得点することはできない

解説

　ボールがインプレーになるときやアウトオブプレーになるときの判断は、基本的にサッカーのルールと同じです。ボールがゴールポストやクロスバーに当たり跳ね返ってきても、審判に当たっても、ボールはインプレーです。ただし、フットサルの場合、ボールが天井に当たるとアウトオブプレーになり、最後にボールに触れたチームとは逆のチームにキックインが与えられます。キックインの場所は、ボールが当たった天井下の場所に最も近いタッチライン上から行います。なお、天井の高さは原則として4m以上とされています。得点の方法・勝敗の決定もサッカーと同様で、引き分けの場合は、アウェーゴールの得点数（アウェー試合での得点を2倍）、延長戦、PK戦により決定します。なお、サッカーと異なるのが、GKがボールを手で投げて、相手ゴールに入っても得点は認められないことです。

第6章 ● フットサルのルール

ボールインプレー・ボールアウトオブプレーの詳説

ボールがアウトオブプレーとなるとき
① ピッチ上または空中にかかわらず、ボールがゴールラインまたはタッチラインを完全に越えたとき。
② 主審・第2審判がプレーを停止したとき。
③ ボールが天井に当たったとき。

ボールインプレー
① アウトオブプレー以外のすべての時間。
② ボールがゴールポスト、クロスバーから跳ね返ってピッチ内にあるとき。
③ ボールがピッチ内にいる主審・第2審判のいずれかに当たったとき。

ボールが天井に当たったときの処置
最後にボールに触れたチームとは逆のチームによるキックインで試合を再開する。キックインは、ボールが当たった天井下の場所に最も近いタッチライン上から行う。天井の高さは、4m以上なければならない（実際はもっと高くなければならない）。

PK戦の参加資格
PK戦を始める前に、両チームの人数が一致していなければ、少ない方に合わせて減らしてから開始する点は、サッカーもフットサルも共通している。ただし、サッカーでは、参加できるのは、試合終了時にフィールドにいた選手のみなのに対しフットサルでは、すべての選手と交代要員に参加資格があるので、選手と交代要員を合わせた人数を両チーム同数にしなければならない。ただし、人数が多い方のチームは、GKがキックを行わずGK専門で参加するとした場合、そのGKを除いて両チームの選手数（交代要員を含む）を同じにすることができる（人数を少ない方のチームはGKであってもキックを行わなければならない）。

ファウルと不正行為

Point

1. スライディングタックルも行うことができる
2. 直接FKとなる反則は累積ファウル
3. GKは手足を問わずボール保持は4秒以内

解説

　キッキングからハンドリングまで、直接FKが与えられる反則は、サッカーと同じです。スライディングタックルも、正しく行えばノーファウル。直接FKの対象となる反則をペナルティーエリアで犯したときは、サッカー同様PKとなります。直接FKの対象となる反則は、すべて累積ファウル（P.154参照）にカウントされます。間接FKとなる反則もサッカーとほぼ同じですが、GKがボールをコントロールできる時間は、手足を問わず4秒以内です。また、GKからパスされたボールが相手に触れられなければ、GKが自分のハーフにいる限りGKに戻すことはできません。戻されたボールに足であってもGKが触れたら、相手に間接FKが与えられます。U-15の試合では、GKがボールをハーフウェーラインを越えて投げたり、蹴ったりすると、ハーフウェーライン上から相手に間接FKが与えられます。

第6章 ● フットサルのルール

フットサルとサッカーのファウル・罰則の違い

項　目	フットサル	サッカー
累積ファウル	ある	ない
スライディングタックル（今は、違いなし）	不用意に、無謀に、または過剰な力で行わない限り反則でない	不用意に、無謀に、または過剰な力で行わない限り反則でない
プレー再開時の制限時間	原則として4秒を越えると反則	制限時間はないが、いたずらに時間をかけると再開を遅らせたことで、警告される
プレー再開時の制限距離	5m以上離れないと違反	9.15m以上離れないと違反
GKのボール保持	手でも足でも自分のハーフ内で4秒を超えてコントロールすると違反	自チームのペナルティーエリア内で手で6秒を超えてコントロールすると反則
GKへのリターンパス	GKは、パスしたボールが相手競技者に触れない限り、体のどの部位であっても、戻されたボールに触れられない（相手ハーフを除く）	味方選手が足で蹴ったボールをGKは手で触れることができない
罰則時間	退場を命じられた場合、失点後、あるいは2分間経過後交代要員から補充できる	補充はできない

チェック
スライディングタックルは、反則？

かつて、フットサルでは、ショルダーチャージとスライディングタックルが反則とされていました。しかし、現在ではサッカー同様、「不用意に、無謀に、または過剰な力で」行ったと主審・第2審判が判断しなければ反則にはなりません。これにより、フットサルは、狭いピッチでもあり、相手と当たる場面も多く、まさにフィジカルコンタクトのあるスポーツに変化しました。

FKとPK

Point

1 FK時、相手チームは5m以上離れる

2 FKは4秒以内に行わないと
相手の間接FKに

3 PK時は
キッカー以外5m以上離れる

解説

　FKのルールは、サッカーとほぼ同じですが、FKのときは、相手選手はボールから5m（サッカーは9.15m）以上離れていなければならず、違反したときはキックをやり直します。大きな違いは、FKを4秒を超えて行ってはならない点です。これに違反した場合は、相手チームに間接FKが与えられます。迅速さを求める点では共通していますが、サッカーは厳密に何秒といった規定はありません。よりスピーディな展開のフットサルならではのルールです。PKのルールもサッカーとほぼ同じで、キッカー以外の選手はFK同様、ボールから5m以上離れていなければなりません。違反があった場合の対応は、得点するか否かによって異なり、サッカーの場合と同様です（PKには4秒ルールが適用されません）。

第6章 ● フットサルのルール

FK・PK時の選手の位置

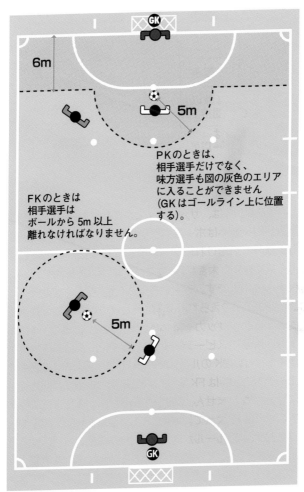

PKのときは、相手選手だけでなく、味方選手も図の灰色のエリアに入ることができません（GKはゴールライン上に位置する）。

FKのときは相手選手はボールから5m以上離れなければなりません。

累積ファウル

Point

1 直接FKとなる反則を累積ファウルとしてカウント

2 6つ目からは壁がつくれないなどの制限が

3 延長戦時は後半の累積ファウルに加算

解説

　累積ファウルは、フットサルの大きな特徴のひとつです。直接FKとなる反則は累積ファウルとしてカウントされ、6つ目以降、ファウルを犯したチームは、直接FKに対して壁をつくれなくなります。また、6つ目以降のファウルを、相手ハーフ内、または自分たちのハーフの第2ペナルティーマーク上に引かれるハーフウェーラインと平行な仮想ラインより前方（右図Aエリア）で犯したときは、直接FKは第2ペナルティーマークから行われます。6つ目以降のファウルを犯した場所が、自分たちのハーフの第2ペナルティーマーク上に引かれる仮想ラインとゴールラインの間（右図Bエリア：ペナルティーエリアを除く。ペナルティーエリア内の場合はPK）ならば、相手チームは直接FKを行う場所を、第2ペナルティーマークか、ファウルの起きた場所から選択できます。なお、延長戦が行われる場合は、後半の累積ファウル数を持ち越し延長戦での累積ファウルを加算します。

第6章●フットサルのルール

6つ目以降の累積ファウルによるFKを行う場所

①ファウルの位置と壁なしのFKの位置

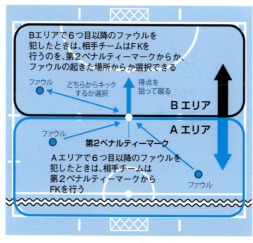

②壁なしのFK（第2ペナルティーマークから）

主審・第2審判

Point

1 審判は2人とも笛を持ち権限はほぼ同じ

2 両者の判定が不一致なら主審の決定が最終

3 タイムキーパーがいなければ
主審が試合時間を計測

解説

　フットサルでは、サッカーと異なり、審判は主審・第2審判の2人で行います。審判は、競技に巻き込まれないよう原則としてピッチに入らず、タッチライン沿いにピッチの外側を動きます。審判は2人とも笛を持ち、主審は、チームベンチなども含め全体を見渡し、第2審判は、主審と逆サイドに付き、選手の自由な交代などを監視します。タイムキーパー（P.158参照）がいない場合は、主審がタイムキーパーを兼ねます。2人の判定に不一致が生じた場合、主審の決定が最終となります。審判のシグナルは、サッカーと大半は共通ですが、直接FKを、一方の手でキックの方向を、逆の手でキックの場所を示します。4秒のカウントは手を上げ指を1本、1本開いて行い、5つ目の累積ファウル時には、手を上げ指を全部開き5を示します。

第6章 ● フットサルのルール

主審・第2審判のシグナル①

キックオフ

キックイン

直接FK

間接FK

4秒のカウント
※指を使って4秒のカウントを示す

累積ファウル5つ目

主審・第2審判のシグナル②

コーナーキック

タイムアウト

アドバンテージ
(直接FK)

アドバンテージ
(間接FK)

アドバンテージ適用後の累積ファウルのシグナル
※ボールがアウトオブプレーになったときタイムキーパーと
第3審判に累積チームと回数を示す

第6章 ● フットサルのルール

タイムキーパー・第3審判

Point

1 プレーイングタイムを管理するタイムキーパー

2 累積ファウルを管理・合図する第3審判

3 第3審判不在時はタイムキーパーが兼務

解説

　フットサルは、タイムアウトもあり、ボールがインプレー時のみ時間を計測するなど、細かい時間管理が必要となるため、タイムキーパーが設けられています。タイムアウトの要求時や、前後半・タイムアウトの終了時など知らせるため、タイムキーパーは主審・第2審判の笛のものと明らかに区別できる音色の笛やブザーを用います。また、第3審判の役割は、サッカーの第4の審判員に似ていますが、ファウルの累積でタイムキーパーを援助し、前後半それぞれ、いずれかのチームが5つ目の累積ファウルを犯したときに合図するほか、交代の監視も行います。なお、主審または第2審判が負傷した場合、第3審判は第2審判と入れ代わります。

間違いやすいジャッジが
ひと目でわかる！

サッカーと
フットサルの
ルール【第2版】

2015年8月15日　第2版第1刷発行

スタッフ
　　　編集・構成●日本ソノラマ(株)
　　　　　　　　　須田早、近藤里実
　　　　　　執筆●徳留佳之
　　　　　　写真●須田早、安田ソルト
　　　　イラスト●沖増岳二（elmer graphics）
　　　本文デザイン●具志堅芳子、小山弘子
　　　　　　　協力●ジェフユナイテッド株式会社
　　　　　撮影協力：櫻井大介（(公財)日本サッカー協会1級審判員）
　　　　　　　　　　宇野勇気　高橋悠馬　大河原弘樹　広岡ライアン勇輝
　　　　　　　監修●松崎康弘（JFAサッカーS級審判インストラクター
　　　　　　　　　　　　　　　FIFAフットサルレフェリーインストラクター）

発行者●中川信行
発行所●株式会社 マイナビ
　　　　〒100-0003　東京都千代田区一ツ橋1-1-1 パレスサイドビル
　　　電話　0480-38-6872【注文専用ダイヤル】
　　　　　　03-6267-4477【販売部】
　　　　　　03-6267-4403【編集部】
　　　　URL　http://book.mynavi.jp
印刷・製本●中央精版印刷株式会社

※定価はカバーに記載してあります。
※乱丁・落丁本についてのお問い合わせは、TEL：0480-38-6872【注文専用ダイヤル】、
　または電子メール：sas@mynavi.jp までお願いします。
※本書について質問等がございましたら（株）マイナビ 出版事業本部編集第2部まで返信
　切手・返信用封筒をご同封のうえ、封書にてお送りください。お電話での質問は受け付
　けておりません。
※本書は著作権法上の保護を受けています。本書の一部あるいは全部について、発行者の
　許諾を得ずに無断で複写、複製（コピー）することは禁じられています。

©2015 Nihon Sonorama,Inc.
©2015 Mynavi Corporation
Printed in Japan
ISBN978-4-8399-5637-0 C2275

- 本書は、(公財) 日本サッカー協会の「サッカー競技規則 2015/2016」および「競技規則の解釈と審判員のためのガイドライン」に基づいてつくられています。
- 競技規則で使われている「競技者」という表記は、本書では、便宜上すべて「選手」とさせていただきました。
- 「PK戦」(正式には「ペナルティー方式」) ほか、便宜的に通称を使用している場合があります。
- 基本的にはゴールキーパーはGK、ペナルティーキックはPK、フリーキックはFKと表記しています。
- フットサルについては、紙幅の制約上、サッカーと異なるルールを中心に記述させていただきました。

間違いやすいジャッジが
ひと目でわかる！

監修：松崎康弘

サッカーと フットサルの ルール 【第2版】

Laws of the Game for
Football and Futsal

マイナビ